KÖNIGS ERLÄUTERUNGEN SPEZIAL

Textanalyse und Interpretation zu

Rainer Gross

GRAFENECK

Walburga Freund-Spork

Alle erforderlichen Infos für Abitur, Matura, Klausur und Referat

Zitierte Ausgabe:
Gross, Rainer: *Grafeneck.* München: Goldmann, 2010.

Über die Autorin dieser Erläuterung:
Walburga Freund-Spork, Studium der Germanistik und Geschichte an der Universität Münster. Realschullehrerin, Fachleiterin für das Fach Deutsch Sekundarstufe I, Mitautorin des Lehrplans Deutsch für die Sekundarstufe I (NRW), Referentin für Fort- und Weiterbildung bei der Bezirksregierung Detmold, stellv. Seminarleiterin am Studienseminar Sek. I in Paderborn. In den Zeitschriften *Diskussion Deutsch*, *Praxis Deutsch*, *Blätter für den Deutschlehrer* und *Literatur für Leser* hat sie literaturdidaktische Beiträge vorgelegt. Literaturwissenschaftliche Untersuchungen zu Heinrich Heine, zu Novellen und Romanen der Gegenwart sowie zur modernen Essayistik sind von ihr in den *Universitäts-Taschenbüchern* und in den *Grabbe-Jahrbüchern* erschienen. Frau Freund-Spork ist Autorin von Interpretationen und Lernhilfen namhafter Verlage.

1. Auflage 2011
ISBN: 978-3-8044-3099-0

Titelbild: Standfoto aus dem Propagandafilm „Erbkrank" des rassenpolitischen Amtes der NSDAP, 1935, © akg-images
Druck und Weiterverarbeitung: Tiskárna Akcent, Vimperk

1. DAS WICHTIGSTE AUF EINEN BLICK – SCHNELLÜBERBLICK

Der Roman bewegt sich zwischen NS-Geschichte und Fiktion.

Der Roman *Grafeneck* von Rainer Gross entwickelt sich aus dem Spannungsverhältnis von Geschichte und Fiktion. Authentisch ist im Grunde nur Grafeneck, der Ort, wo im Jargon der Nazis „unwertes Leben" vernichtet wurde.

Grafeneck selbst ist im Erzählablauf nur gelegentlich in Erinnerungen und Stellungnahmen präsent, aber am Ende bewegen sich Mauser und Greving auf den Ort des Verbrechens zu, und fordern durch ihr Verhalten den Leser heraus, es ihnen gleichzutun und sich Aufklärung zu verschaffen über eine menschenverachtende Phase der deutschen Geschichte.

Dazu will der Roman beitragen, indem er das Grauenvolle unverstellt an den Tag bringt.

Die Fiktion versteht sich als Wahrheitssuche im Dokumentarstil.

Die Fiktion versteht sich als Wahrheitssuche im Dokumentarstil: Die meisten der auftretenden Personen mit ihren Erinnerungen, ihren Problemen und ihrem Schweigen verweisen durch den Handlungsverlauf mit Ermittlung und Aufklärung auf das, was unleugbar gewesen ist.

Die Fiktion lässt die Geschichte wieder anschaulich werden. Geschichtliche Ereignisse, die sich den Blicken der Nachgeborenen zu entziehen drohen, werden lebendig. Im Dienst der Wahrheit wird durch die Romanhandlung im Spiegel fiktiver Personen die Historie wieder neu erfunden, indem sie diese einbindet in den authentischen Raum.

Erst nachdem der Einzelne seine geschichtliche Vergangenheit bewältigt hat, entlässt ihn der Erzähler wieder in eine nun unbeschwerte Gegenwart.

Fiktion wird zur kreativen Geschichtsschreibung, in der sich Erkenntnis und Erfindung, sich gegenseitig erhellend, verbinden.

2. DER AUTOR RAINER GROSS

Rainer Gross wurde 1962 in Reutlingen geboren und wuchs am Fuße der Schwäbischen Alb auf. Er studierte Philosophie und Literaturwissenschaft an der Universität in Tübingen und absolvierte danach außerdem ein Studium an einem theologischen Seminar. Er ist verheiratet und lebt seit 2002 als freier Schriftsteller in Ahrensburg/Schleswig Holstein.

2007 erschien sein Roman *Grafeneck*, der mit dem Friedrich-Glauser-Preis als beste Kriminalgeschichte des Jahres ausgezeichnet wurde.

Der Roman konfrontiert den Leser mit der nationalsozialistischen Vergangenheit, in der Menschen sich von der Nazi-Ideologie eines rassenreinen und gesunden deutschen Volkes verführen ließen, körperliche und geistige Behinderungen als unwertes Leben anzusehen, das der Vernichtung (Euthanasie) preisgegeben werden durfte. Der Kriminalroman stellt daher ein authentisches Geschehen dar, das sich mit der Schuld auseinandersetzt, welche die handelnden Personen der NS-Zeit auf sich geladen und an die nachfolgenden Generationen weitergegeben haben.

Rainer Gross
© Pendragon Verlag

3. ZEITGESCHICHTLICHER HINTERGRUND

1940 wurden in der württembergischen Euthanasie-Anstalt Grafeneck 10 654 Patienten staatlicher Heilanstalten vergast.

Schloss Grafeneck, recht einsam auf der Schwäbischen Alb gelegen, 6 km von der Kleinstadt Münsingen und unweit von Marbach, ist nur *ein* Beispiel für die menschenverachtende Gesinnung des Nazi-Regimes von 1933–1945. Vom Januar bis Dezember 1940 wurden im Rahmen des Euthanasieprogramms in Grafeneck 10 654 Menschen vergast und ihre Leichen in Krematorien verbrannt. Allein von der Heilanstalt Zwiefalten wurden 1 673 Personen nach Grafeneck oder in andere staatliche Anstalten „verlegt".

Bis Ende 1939 war das Schloss eine Heilanstalt für unheilbar psychisch Kranke gewesen, getragen von der Inneren Mission, einer Einrichtung der Evangelischen Landeskirche. Im Mai 1939 wurde es von den Nazis „für Zwecke des Reichs" beschlagnahmt. Per Eilbrief vom 14. Oktober 1939 wurde das Heimpersonal angewiesen, die Anstalt mit den etwa 100 Insassen zu räumen, um den Ort zu einer Tötungsanstalt umzubauen. Den aus der Umgebung stammenden Handwerkern erklärte man, dass hier ein Seuchenlazarett eingerichtet würde.

Die historischen Wurzeln der Euthanasie-Verbrechen liegen im nationalsozialistischen Deutschland. In seinem erstmals 1925 veröffentlichten Buch „Mein Kampf" definierte Hitler das Leben der Menschen und Völker als einen unablässigen Kampf auf Leben und Tod, bei dem der Stärkere – laut Nazi-Ideologie der „arische Herrenmensch" – siege, während der Schwächere zum Untergang verurteilt sei. Im Wortlaut heißt es: „Der Kampf um das tägliche Brot lässt alles Schwache und Kränkelnde, weniger Entschlossene unterliegen" (312 f.).

Schon in den 1890er-Jahren hatten Wissenschaftler und Sektierer, die man im Gefolge des englischen Tierforschers Charles Darwin „Sozialdarwinisten" nannte, gefordert, Erbkranke und „Volksschädlinge" auszumerzen, statt ihnen durch Wohlfahrtspflege und moderne Medizin ein menschenwürdiges Leben zu ermöglichen. Als Gegenmaßnahme schlugen sie eine gesetzlich geregelte Fortpflanzungshygiene vor (Sterilisation und Eheverbot) und die „sanfte" Tötung schwächlicher oder missgebildeter Neugeborener. In einer Schrift mit dem Titel „Die Freigabe der Vernichtung unwerten Lebens. Ihr Maß und ihre Form" von 1920 sprachen die Autoren mit Blick auf körperliche und geistige Behinderungen von „leeren Menschenhülsen" und vom „Fremdkörpercharakter der geistig Toten im Gefüge der menschlichen Gesellschaft". Sie befürworteten die Euthanasie bei den von ihnen als sogenannte „Ballastexistenzen" angesehenen Kranken (s. **Material 1**; Kapitel Materialien, ab S. 63. Im Folgenden Material als **M** abgekürzt). Nicht der Einzelne zählte in dieser menschenverachtenden Ideologie, sondern die überindividuelle Sozialstruktur: Der Staat, die Nation, das Volk, die Rasse. „Rassenhygiene" als Vernichtung unwerten Lebens sollte somit der Stärkung und Gesundung von Volk und Rasse dienen. Insofern stehen das nationalsozialistische „Heilen und Vernichten" in nationalsozialistischer Zeit in engem Zusammenhang.

Nationalsozialistische Sozialdarwinisten propagierten die „Ausmerzung" von „Erbkranken", „Volksschädlingen" und „Ballastexistenzen".

Euthanasie-Maßnahmen dienten der „Rassenhygiene"; Ziel war die Stärkung und Gesundung des deutschen Volkes.

Am 14. Juli 1933 wurde das „Gesetz zur Verhütung erbkranken Nachwuchses" verabschiedet, das ab Januar 1934 in Kraft trat (**M 2**). Damit war eine Entwicklung in Gang gesetzt, die zum erzwungenen „Gnadentod" für unheilbare Geisteskranke und später – während des Zweiten Weltkrieges – zum Völkermord an den als minderwertig erklärten Volksgruppen der Polen, Russen, Juden und Zigeuner führte. Euthanasie kann daher als Vorstufe für die in den Konzentrationslagern durchgeführten Massenmorde gelten.

Januar 1934 trat das „Gesetz zur Verhütung erbkranken Nachwuches" in Kraft, eine Vorstufe der späteren KZ-Völkermorde.

Das Gesetz erfasste neben vielen anderen Gebrechen unter anderem auch erbliche Taub- und Blindheit (gar Nachtblindheit), Schizophrenie, erbliche körperliche Missbildungen oder

Eine zentrale Dienststelle T4 organisierte von Berlin aus die reibungslose Durchführung des Euthanasieprogramms.

„Schwachsinn". Ein Kommentar ordnete auch Frühkriminalität, Konflikte mit Schule oder Polizei dem „Schwachsinn" zu.

Es wird deutlich, dass die Durchführung des Gesetzes nicht nur der „Ausmerzung" unheilbar Kranker galt, sondern auch „sozialschädlichen" Individuen, die nicht mehr arbeiten konnten und um die sich die Angehörigen nicht mehr kümmerten.

Schaltstelle der Euthanasiemaßnahmen war die Kanzlei des Führers in Berlin (KdF), wo man eine zentrale Dienststelle, T4 (das Büro befand sich in der Tiergartenstraße 4) genannt, einrichtete, die streng geheim agierte und alle Voraussetzungen und Maßnahmen organisierte, um eine reibungslose Durchführung des Euthanasieprogramms sicherzustellen. Im Fall von Grafeneck kümmerte sich die T4 um Ortsauswahl und Beschlagnahmung des Schlosses ebenso wie um dessen Ausbau und die Einstellung des Anstaltspersonals. Für das Tarnunternehmen „Gemeinnützige Kranken-Transport-GmbH" musste zur rechtlichen Absicherung der Fahrzeughalter ein Eintrag ins Handelsregister des Amtsgerichts Charlottenburg erfolgen. Als Transportmittel diente bei weiten Entfernungen in seltenen Fällen die Reichsbahn, in der Re-

Zwei Busse der Tarnorganisation GEKRAT (Gemeinnützige Gesellschaft für Krankentransporte), die den Transport von den Stammanstalten in die Tötungsanstalten durchführen. Sommer 1941 © ullstein bild

gel aber Busse der Reichspost, die zunächst rot waren und später zu Tarnungszwecken grau gestrichen und mit geriffelten Milchglasscheiben versehen wurden.

Sechs über das Land verteilte Tötungsanstalten wurden, zeitlich gestaffelt, in Betrieb genommen, die auf Karten zur Tarnung mit Buchstaben gekennzeichnet waren. A stand für Grafeneck. Weitere Euthanasie-Anstalten befanden sich in Brandenburg a. d. Havel (Brandenburg), Alkoven bei Linz (Oberösterreich), Pirna (Sachsen), Bernburg a. d. Saale (Sachsen-Anhalt) und Hadamar bei Limburg (Hessen).

Über Deutschland verteilt waren sechs Euthanasie-Anstalten in Betrieb.

Wohl schon 1935 war der damalige Reichsärzteführer Gerhard Wagner auf dem Nürnberger Reichstag an Hitler herangetreten, um von ihm eine Ermächtigung zur „Vernichtung lebensunwerten Lebens" zu erreichen. Damals lehnte Hitler dieses Ansinnen mit der Begründung ab, es sei noch zu früh, man könne dergleichen der Bevölkerung noch nicht vermitteln. Im Falle eines Krieges sei das eher möglich, weil dann die Aufmerksamkeit dem Kampfesgeschehen gelten würde und die von kirchlicher Seite zu erwartenden Widerstände keine große Rolle spielen würden.

Im Juli 1939 lud der T4-Dienststellenleiter, der Reichsgesundheitsführer Leonardo Conti, 15 bis 20 Ärzte und Anstaltsdirektoren zu einem Gespräch ein, um mit ihnen konkrete Maßnahmen für das „Euthanasie"-Programm zu entwickeln. Bis auf eine Ausnahme sicherten alle ihre freiwillige aktive Mitarbeit unter strenger Geheimhaltung zu.

Am 9. Oktober 1939 erging an alle Anstalten ein Runderlass aus dem Reichsinnenministerium, der praktisch den Anfang des Euthanasieprogramms darstellt. Die Anstaltsleiter wurden darin verpflichtet, Angaben über die Beschaffenheit ihrer Einrichtung zu machen und Meldebögen für Patienten auszufüllen, die sich seit mindestens 5 Jahren in Behandlung befänden. Auch alle Ärzte wur-

Im Oktober 1939 mussten geistig bzw. körperlich „Kranke" über Meldebögen erfasst werden, anhand derer medizinische Gutachter über ihren „Lebenswert" entschieden.

den aufgefordert, entsprechende Privatpersonen zu melden. Die Frist für Listen und Meldung betrug nur eine Woche. Da manche Anstalten den Verlust funktionierender Arbeitskräfte befürchteten, stuften einige Ärzte den Behinderungsgrad dieser „nützlichen" Patienten herab, was diesen das Leben rettete. Die Listen wurden vom Reichsministerium an ausgewählte medizinische Gutachter weitergegeben, die mit einem roten Plus über den Tod eines Kranken verfügten, den sie nie gesehen hatten, und mit einem blauen Minus dessen Weiterleben „genehmigten". Mit dem Todesurteil ging die Planung des Abtransports einher, der den Angehörigen als „Verlegung" angekündigt wurde. Sie erfuhren allerdings immer erst nach dem Tod durch Mitteilung einer erfundenen Todesursache vom Ort der Verlegung.

In Grafeneck wurden am Tag durchschnittlich 75 Menschen ermordet.

Wie viele kranke Menschen wohin abtransportiert wurden, richtete sich nach der Lage der Euthanasie-Anstalt und nach ihrer Aufnahmekapazität. Für Grafeneck war die Zahl 75 pro Tag festgelegt.

Die Grafenecker Tötungsmaschinerie erforderte eine straffe Organisation vor Ort und etliche vollzugswillige Mitarbeiter, allesamt von Berlin aus angeworben und in zweitägiger Busfahrt nach Schloss Grafeneck überstellt. Dort wurden sie vom Leiter Dr. Horst Schumann in Empfang genommen. 1906 geboren, war Schumann ein relativ junger Anstaltsleiter. Er war von seinem Vater, ebenfalls ein Arzt, in die Partei eingeführt worden und ein überzeugter Nationalsozialist. Obwohl er nicht auf Psychiatrie spezialisiert war, nahm er die Berufung nach Grafeneck freiwillig an.

Das Personal der Grafenecker Anstalt wurde in Berlin angeworben. Die Leitung übernahm der NS-Arzt Dr. Horst Schumann.

Das Schloss und die landwirtschaftlichen Gebäude blieben vom Umbau verschont. Küche, Vorratsräume und Speisesaal wurden wie bisher genutzt. Im ersten Obergeschoss befanden sich die Wohn- und Verwaltungsräume der Ärzte, im zweiten die Wohn- und Schlafräume der Angestellten, deren Anzahl im Laufe des Jahres 1940 auf etwa 80 Personen anwuchs.

Während der Blick auf das Schloss frei blieb, wurde die eigentliche Euthanasie-Anlage von der Marbach-Seite mit einem mehr als vier Meter hohen Bretterzaun umgeben, um jeden Einblick – auch von den höher gelegenen Feldern der anderen Talseite – unmöglich zu machen. In der Bretterwand gab es zwei verschlossene Tore, groß genug für die Durchfahrt der grauen Busse.

Die Anlage hatte eine Aufnahmebaracke, mit Strohsäcken getarnt und mit Bettwäsche bezogen, die aber wohl niemals benutzt worden ist. Der eigentliche Tötungsablauf geschah in einer Remise, dem ehemaligen Wasch- und Backhaus des Schlosses. Dort hatte man eine steinerne Mauer eingezogen mit einer Tür und Fenstern an der Rück- und Seitenwand. Der davon abgetrennte Raum konnte 75 Personen aufnehmen. Er war als Duschraum getarnt und mit Bänken zur Kleiderablage, Holzrosten und Duscharmaturen ausgestattet.

Der zur Schlossanlage gehörige runde, aus Holz erbaute Reitstall, „Reitzirkel" genannt, diente vermutlich als „Totenraum": Hier konnten die Leichen abgelegt werden bis zu ihrer Verbrennung in den drei im Januar 1940 gelieferten Krematoriumsöfen. Im Außenbereich des Schlosses gab es Schilder, auf denen mit Hinweis auf die Seuchengefahr das Betreten des Geländes untersagt wurde. Darüber hinaus sicherte ein Postenhaus mit Telefon den Zugang, so dass jeder Besucher sofort angekündigt und gegebenenfalls abgefangen werden konnte. Wachleute mit Hunden und Schusswaffen umrundeten ständig das Areal außerhalb der Anlage.

Obwohl das Betreten des Geländes streng untersagt war, blieben Massenverbrennungen den Anwohnern sicherlich nicht verborgen.

Dennoch kann das Geschehen im Schloss den Anwohnern nicht verborgen geblieben sein. Der Rauch aus den Krematoriumsöfen war weithin sichtbar (wegen der starken Rauchentwicklung musste man das Dach von der Tötungsremise entfernen), und die Alleebäume, die man nicht unbemerkt hätte fällen können, waren im Laufe des Sommers 1940 vom Ruß der Verbrennungsöfen schwarz gefärbt. Die ersten Patienten, die in den letzten Januartagen 1940 Grafeneck zugeführt wurden, kamen aus der staatlichen Heilanstalt Weinsberg in Württemberg. Über den Abtransport heißt es lapidar: „Außerdem wurden 48 Patienten (w.) von der Gemeinnützigen Krankentransport GmbH abgeholt." **(M3)** Nach Grafeneck gebracht wurden zunächst vor allem sogenannte „Staatspfleglinge", also Patienten, die auf öffentliche Kosten untergebracht waren. Die Organisation der Euthanasie erfolgte von Berlin aus, von dort erhielt die „Gemeinnützige Kranken-Transport GmbH" ihre Listen mit den zur Vergasung bestimmten Menschen. Von Grafeneck fuhren drei Busse und das Sanitätsauto in die Behindertenanstalten. Der Transportleiter hatte die Liste und auf dem Rückweg die Krankenakten bei sich. Fahrer und Beifahrer der Busse wurden begleitet von zwei Pflegepersonen, die gewalttätige Kranke anschnallen oder in Handschellen legen konnten. Wenn die Liste mehr als 75 Personen aufwies, gab es für die abgebende Anstalt die Chance, wichtige Arbeitskräfte begründend zu streichen, zum Beispiel: „Schuhmacher, sohlt, flickt sämtliche Schuhe für 210 Leute" oder „In der Anstaltsküche geradezu unentbehrlich. Leutemangel!" oder „Schafft von morgens bis abends!"

Die Heilanstaltsinsassen ahnten bald, was eine „Verlegung" nach Grafeneck bedeutete.

Den Patienten blieb die Bedeutung der „Verlegung" nicht lange verborgen, da die Busse die Anstaltskleidung der Abgeholten in die Anstalt zurückbrachten, woraus man die richtigen Schlussfolgerungen zog. Viele Insassen versuchten sich zu verstecken, zu fliehen oder flehten um ihr Leben. In Emmendingen, einer Anstalt in Baden, beschimpften Patienten eine Ärztekommission, die nach neuen Opfern suchte, als Massenmörder. Eine „Kranke" soll beim Abtransport gesagt haben: „Wir sterben, ja, aber den Hitler holt der Teufel!" Die meisten Insassen jedoch resignierten letztendlich und ergaben sich wehrlos ihrem Schicksal.

Nach Eintreffen in Grafeneck wurden die Patienten zu einer ärztlichen Pro-Forma-Untersuchung in die Aufnahmebaracke geführt. Bei dieser Identitätsüberprüfung vermerkte der Arzt in seinen Akten, ob Goldzähne im Gebiss vorhanden waren und notierte sich auffällige Kennzeichen, weil diese Anormalitäten beim Erfinden einer Todesursache evtl. hilfreich sein konnten. Danach wurden die Patienten – schon fast entkleidet – in den Duschraum geführt. Manche glaubten, tatsächlich duschen zu dürfen, andere schrieen bereits in Todesangst. Nach Schließen der Tür strömte aus dem Nebenraum ca. 20 Minuten lang Gas in die Kammer. Durch die Fenster konnte das Massensterben beobachtet werden. Geraume Zeit danach öffneten Hilfskräfte die Tür, schafften die Leichen in die Krematoriumsbaracke und brachen den mit einem Kreuz bezeichneten Toten die Goldzähne heraus, die zur Gewinnung von Rohmaterial bei der Verwaltung abgeliefert wurden (**M 4** und **5**).

Die „Kranken" wurden durch in den „Duschraum" einströmendes Gas ermordet und anschließend in der Krematoriumsbaracke verbrannt.

Das Personal, das die Krematoriumsöfen bediente, war zuständig für den Abtransport der Leichen, entweder zu den Öfen oder in den „Reitzirkel" als Zwischenstation. Über Grafeneck selbst gibt es zu diesem Ablauf keine genauen Quellen. Vom Personal stand keiner je vor Gericht. Im Prozess zur „Euthanasie"-Anstalt Hartheim (Alkoven/Oberösterreich) wurde ausgesagt, dass jeweils zwei „Heizer" im 12-Stunden-Schichtdienst arbeiteten. Die Öfen brannten demnach durchgehend Tag und Nacht. Nach der Verbrennung wurden verbliebene Knochenreste aus den Öfen genommen und in eine Knochenmühle gegeben. Von Grafeneck weiß man, dass ein Angestellter Knochenstücke mit einem Hammer zerklopfte. Dieses Knochenmehl wurde mit Asche vermischt und in Metallurnen an die Angehörigen verschickt, sofern diese eine Bestattung wünschten. Die Kosten für den Postversand und die Urnen selbst wurden aus Reichsausgleichsmitteln bezahlt. In den Deckel der

Urnen mit eingravierten Krankenaktennummern wurden den Angehörigen auf dem Postweg zugestellt.

Urne war jeweils die Krankennummer eingestanzt, die auf der Liste für die Abholung aus den Anstalten stand. Mit dem Einsteigen in den grauen Bus waren die „Kranken" also namenlos geworden. Für das Verschicken der Urnen wählte man Postämter in Stuttgart, denn in dem kleineren Ort Münsingen hätte die Versandmenge aus Grafeneck sicher zu Spekulationen Anlass gegeben.

Sämtliche Tötungsbürokratie diente somit der Verschleierung der Behindertenmorde.

Eine „Trostbriefabteilung" in Grafeneck teilte den Angehörigen fingierte Todesursachen mit.

In Grafeneck gab es zu diesem Zweck auch eine „Trostbriefabteilung", die an die Angehörigen der Opfer nach deren Tod zusammen mit dem persönlichen Eigentum Trostbriefe versandte. Um nicht in den Verdacht zu geraten, Schemabriefe zu verschicken, wurde jeder Brief individuell aufgesetzt und mit einer Unterschrift versehen. Der in der Unterschrift verwendete Name war selbstverständlich falsch. Eine Liste mit möglichen einzusetzenden Todesursachen sollte die Arbeit erleichtern und die Glaubwürdigkeit erhöhen. Pannen ließen sich dabei jedoch nicht vermeiden: In einem Fall war als Todesursache „Blinddarmdurchbruch" angeführt; die Angehörigen wussten jedoch, dass der Blinddarm bereits entfernt worden war. Proteste der Angehörigen in solchen Fällen wurden zwar bekannt, hatten jedoch keine Konsequenzen (**M6** und **7**).

Im „Absteckzimmer" und hauseigenen Standesamt wurden Sterbeakten gefälscht, um Aufsehen durch eine Häufung der Todeszahlen in einer Region zu vermeiden.

Der weiteren Tarnung der ungeheuerlichen Krankenmorde diente die „Absteckabteilung". Im Absteckzimmer von Grafeneck befanden sich Land- und Stadtkarten an der Wand, auf denen mit farbigen Stecknadeln Geburts- oder Wohnort des „Kranken" markiert wurde. Die Sterbeakten kamen zunächst in den Absteckraum, wo im Falle einer Häufung der Toten aus der gleichen Region ein falsches Todesdatum in den beigefügten Totenschein eingetragen wurde. Erst danach wurde vom Arzt die Todesursache festgelegt und eingetragen. Darüber hinaus gab es von Berlin die Weisung, die Akten mit anderen „Euthanasie"-Anstalten zu tauschen mit dem Ziel der Beurkundung eines anderen Todesortes.

Schwierig und tarnungsbedürftig war auch das Ausstellen von Sterbeurkunden. Es war unmöglich, die massenhaften Todesfälle im nächsten Standesamt beurkunden zu lassen. Deshalb wurden in den Tötungsanstalten – auch in Grafeneck – eigene Standesämter eingerichtet. Die Standesbeamten unterschrieben, wie die Ärzte, **(M8)** mit falschen Namen.

Von Ende Januar bis Dezember 1940 sind in Grafeneck 10654 Frauen, Männer und Kinder ermordet worden.

Über die Schließung der „Euthanasie"-Anstalt ist viel spekuliert worden. Richtig ist, dass die „Arbeit" dort programmgemäß zu Ende ging. Schon bei der Auswahl und Einstellung des Personals in Berlin hatte man Dezember 1940 als Ende des Arbeitsverhältnisses genannt. Die Heilanstalt Zwiefalten hatte neben anderen eine wichtige Rolle als Durchgangsanstalt für Grafeneck gespielt. Die im Dezember in Zwiefalten amtierende Direktorin, die Ärztin Dr. Martha Fauser, hat einer der letzten Vergasungen persönlich zugesehen. Die letzte Massentötung ist am 13. Dezember 1940 durchgeführt worden. Drei Tage zuvor war vom Innenministerium in Stuttgart an das bischöfliche Ordinariat Rottenburg telefonisch die Nachricht ergangen, die Anstalt Grafeneck sei ihrer Sonderbestimmung enthoben. Ein Teil des Personals wurde einer Anstalt in Hessen zugeführt, andere blieben noch bis ins Frühjahr 1941 in Grafeneck, um die Spuren zu beseitigen, was, wenn man an die verrußten Äste der Allee-Bäume denkt, nicht vollständig gelingen konnte. Besonders zynisch erscheint das Dokumentarfilmprojekt „Dasein ohne Leben", das die Bevölkerung über „Erb- und Geisteskranke" aufklären sollte: Dafür wurden laut Aktennotizen besonders missgestaltete Patienten vom Töten zurückgestellt, um vorher in Zwiefalten gefilmt zu werden. Gezeigt wurde dieser

Die Anstalt Grafeneck wurde im Dezember 1940 nach einjährigem Bestehen planmäßig geschlossen.

Für den Euthanasie-Propagandafilm „Dasein ohne Leben" wurden einige Grafeneck-Insassen vom Töten vorerst zurückgestellt.

Standfoto aus dem Propagandafilm „Erbkrank" des rassenpolitischen Amtes der NSDAP, 1935 © akg-images

Euthanasie-Propagandafilm jedoch nur einem auserwählten Kreis von Psychiatern, sämtliche Filmkopien wurden bei Kriegsende vernichtet.

Angesichts des geschilderten Grauens bleibt die Frage nach dem Protest von kirchlicher, katholischer wie evangelischer Seite, waren doch viele Behinderten-Anstalten in kirchlicher Trägerschaft. Grafeneck unterhielt vor der Enteignung der evangelische Bund der Samariter, dem es nach Kriegsende zurückgegeben wurde.

Am 3. August 1941 predigte Kardinal Clemens August von Galen in der Lamberti-Kirche in Münster, er habe angesichts der btransporte von Geisteskranken aus Westfalen Anzeige bei der Staatsanwaltschaft in Münster erstattet. Diese Predigt **(M9)** erzielte große Wirkung. Sein Mut trug ihm den Beinamen „Der Löwe von Münster" ein. Man fürchtete, die Nazis würden von Galen zum Verstummen bringen durch Einweisen in ein KZ, doch das geschah nicht. Seine tausendfach vervielfältigte Predigt ging von Hand zu Hand. Britische Flugzeuge warfen sie als Flugblätter über Deutschland ab. Auch andere Bischöfe waren mutig genug, sich gegen die Euthanasie zu wenden **(M10)**, aber im Ganzen nahm die Kirche die Euthanasie als unabwendbar hin, ein besonders schwarzes Kapitel der deutschen Kirchengeschichte. Aus unbekanntem Grund verfügte Hitler am 24. August 1941 einen „Euthanasie"-Stopp. Dies hinderte die T4-Aktion in Berlin jedoch nicht am Weitermorden – nun mit anderen Mitteln: man ließ die Patienten verhungern, verabreichte ihnen tödliche Spritzen oder tötete sie durch falsche Medikamentendosierungen. Der erste ärztliche Leiter von Grafeneck, Horst Schumann, war ab 1942 Lagerarzt im Konzentrationslager Auschwitz-Birkenau. Die Art und Weise, wie Menschen selektiert und in den dortigen Gaskammern ermordet wurden, lässt sich ebenso auf „Rassenhygiene"- und „Rassenantisemitismus"-Motive zurückführen. Die zugrunde liegende Ursache beider Verbrechen war jedoch die Anmaßung der Täter, den Opfern jegliche Menschlichkeit und ihren Lebenswert per se abzusprechen.

Einer der wenigen kirchlichen Euthanasie-Gegner war Kardinal Clemens August von Galen.

Am 24.08.1941 verfügte Hitler ein „Euthanasie"-Stopp. Danach ging der Patientenmord mit anderen Mitteln weiter.

Dr. Horst Schumann war ab 1942 Lagerarzt in KZ Auschwitz.

1945 fand vor dem Tübinger Schwurgericht der Grafeneck-Prozess statt. Etwa ein Dutzend Personen, die für den Massenmord verantwortlich galten, wurden von der französischen Militärregierung verhaftet und 1946 an die deutsche Justiz übergeben. Die Ermittlungsarbeit stieß auf zahlreiche Schwierigkeiten, weil der organisierte Massenmord unter größter Geheimhaltung stattgefunden hatte. Die Beteiligten hatten die Unterlagen vernichtet und die Fakten so gut wie möglich verschleiert. Bis 1949 dauerten

Das Tübinger Schwurgericht ermittelte 1945–1949 gegen 27 Grafeneck-Angestellte, wobei die Strafen sehr gering ausfielen.

Euthanasieprozess 1967. Justizbeamte begleiten den ehemaligen KZ-Arzt Horst Schumann auf seinem Weg in den Gerichtssaal in Frankfurt am Main. Vor die Kammer des Schwurgerichtes ist Schumann als Zeuge im sogenannten Euthanasieprozess geladen. © ullstein bild – dpa

die Ermittlungen gegen 27 Personen an. Laut dem Urteil handelte es sich bei den Angeklagten immer nur um ausführend Beteiligte, während die wahren Planer und Organisatoren bereits abgeurteilt, tot oder unauffindbar waren. Die Prozessakten belegen, dass die Angeklagten ihre Schuld abschwächten, indem sie sie anderen mit größerer Verantwortlichkeit aufbürdeten. Auch führten sie als Gründe für ihre Willfährigkeit Drohungen der Vorgesetzten mit KZ und Erschießung an.

Martha Fauser, die Direktorin von Zwiefalten, die im Dezember 1940 einer der letzten Vergasungen in Grafeneck zugeschaut hatte, erklärte, sie habe aus einem großen Übel ein kleineres machen wollen. Der Bombenkrieg mit seinen vielen größeren Schrecken habe ihr Gewissen beruhigt. Die Opfer von Grafeneck, die sie als Opfer einer Kriegsmaßnahme betrachte, seien sanft und ohne

Grauen hinübergeschlummert, davon habe sie sich mit eigenen Augen überzeugt.

Die Urteile vom 5. Juli 1949 waren in ihrem Strafmaß äußerst gering. Die Medizinalrätin Dr. Martha Fauser wurde wegen Totschlags zu 18 Monaten Gefängnis verurteilt, die aber durch die Untersuchungshaft bereits verbüßt waren. Die Grafenecker „Euthanasie“-Ärzte wurden nicht vor Gericht gestellt. Dr. Horst Schumann gelang 1959 die Flucht nach Ghana. Er wurde 1966 an die Bundesrepublik ausgeliefert. Im September 1970 wurde der Prozess gegen ihn eröffnet, zu dem *Der Spiegel* Nr. 39 vom 21.09.1970 vermeldete: „Die Frankfurter Staatsanwaltschaft beschuldigt Schumann nun, in Grafeneck seien 1940/41 unter seiner Verantwortung 829, danach in der Anstalt Sonnenstein bei Pirna 13 720 Geisteskranke umgebracht worden.“ Im April 1971 wurde der Prozess wegen zu hohen Blutdrucks des Angeklagten eingestellt, so dass dieser 1972 aus dem Gefängnis entlassen wurde und den Rest seines Lebens in Frankfurt a. M. verbrachte. Dort starb er im Mai 1983.

Der Prozess gegen Dr. Schumann wurde 1971 wegen seines Gesundheitszustands eingestellt. Er lebte bis Mai 1983 in Frankfurt a. M.

1946 wurden von der Samariterstiftung auf dem Grafenecker Friedhof zwei Urnengräber angelegt und darin 270 Urnen mit den Überresten unbekannter Opfer, die 1941 zurückgelassen worden waren, bestattet. Die ersten Schritte des Gedenkens erfolgten Anfang 1960, als die Stiftung auf dem Friedhof einen Gedenkort anlegte. Die Urnengräber wurden neu gestaltet, ein Steinkreuz wurde aufgestellt. Seit dem 14. Oktober 1979, dem 40. Jahrestag der Beschlagnahmung Grafenecks durch die Nazis, erinnert jährlich eine Sternwanderung von Münsingen nach Grafeneck und ein anschließender Gedenkgottesdienst an die Euthanasie-Opfer von Grafeneck. 1982 kam eine Texttafel mit einem Gedenkbuch hinzu, in dem die Namen der ermordeten Opfer aufgeführt sind. 1990 wurde eine offene Kapelle angebaut und 2005 ein Zentrum der Dokumentation in der Gedenkstätte geschaffen.

Seit 2005 beherbergt Grafeneck ein Dokumentationszentrum. Die Gedenkstätte hat jährlich zwei Millionen Besucher.

Heute sind in der Gedenkstätte Grafeneck unter dem Motto „Das Gedenken braucht einen Ort“ 10654 Steine gegen das Vergessen aufgestellt. Jährlich kommen zwei Millionen Besucher zu diesem „Ort des Erinnerns“, Schulklassen ebenso wie Menschen aus der Region und Touristen aus dem In- und Ausland.

Grafeneck erinnert in der Rückschau an die menschenverachtende Epoche des Nationalsozialismus, für die Zukunft aber bedeutet Grafeneck eine Aufforderung an jeden Besucher, sich für ein Leben in Frieden und Freiheit in einem demokratischen Staatswesen einzusetzen.

Schloss Grafeneck – Gedenkstein für die Opfer der in Grafeneck durchgeführten Euthanasiemorde © Henning Langenheim/akg-images

4. TEXTANALYSE

4.1 Inhalt

Kapitel 1

Hermann Mauser, seit dreißig Jahren Grundschullehrer in Buttenhausen, einem Dorf auf der Schwäbischen Alb, ist ein verschrobener Kauz und überaus gewissenhaft. Was er seinen Schülerinnen und Schülern im Heimatkundeunterricht beibringt, hat er selbst erforscht. Mittlerweile ist er einundsechzig, geht aber immer noch seinem Hobby nach, die Höhlen der Schwäbischen Alb zu erforschen und in ihnen nach Funden aus der Vergangenheit zu suchen. Über diese „Schatzsuche" (17), wie er es nennt, amüsiert sich mancher Dorfeinwohner. Am Karsamstag des Jahres 1997, in seinen Osterferien, macht Mauser sich zum Münzloch, einer Karsthöhle, auf. Wie immer fährt er mit dem Motorrad, das er in einiger Entfernung abstellt, bevor er sich für den Kriechgang in der Höhle seine Schutzkleidung (gegen mögliche Verschmutzung) anzieht. Kriechend gerät er in eine ihm unbekannte Halle, an deren Ende ihm eine lehmverstopfte Öffnung auffällt, dessen Boden jedoch keine Schlammspuren aufweist und in der auch keine Öffnung existiert, durch die Schlamm hätte hineinfluten können. Mit dem Klappspaten schaufelt sich Mauser durch eine enge Röhre in eine höher gelegene Kammer. Dem Boden nach zu urteilen ist hier noch niemand gewesen, doch dann entdeckt er im Lampenlicht seiner Stirnlampe einen Menschen. Zunächst hält er ihn für einen Schläfer, bekleidet mit schwarzem Anzug, weißem Hemd und Krawatte. Beim Näherkommen erkennt er jedoch, dass es sich um eine mumifizierte Leiche handelt. Eine dunkle Ahnung überkommt ihm, er denkt an die Zeit, als sein Vater, der Dorfgendarm, einen Nazi-Trupp, der im offenen Wagen grölend durch das Dorf fuhr,

Der Lehrer Hermann Mauser erforscht am Karsamstag des Jahres 1997 das Münzloch, eine Karsthöhle in der Schwäbischen Alb.

In einer Nebenhöhle findet er eine mumifizierte Leiche, mit der er die NS-Vergangenheit und seinen Vater, ein Nazigegner und Polizist, assoziiert.

am Ortsausgang gestoppt und eingeschüchtert hat. Er nimmt sich vor, das Rätsel um diesen Toten zu lösen. Zunächst aber will er seinen Fund geheim halten und am nächsten Tag wiederkommen, um in aller Ruhe nach Spuren zu suchen.

Er will den Fund geheim halten.

Kapitel 2

Mausers Freundin Veronika, eine Töpferin, will mit ihm nach der Ostermesse den israelitischen Friedhof in Buttenhausen besuchen.

Mausers Schwester Mutz wurde von Nazis abtransportiert.

Mauser geht zu seiner Freundin Veronika zum Abendbrot, die nicht aus der Gegend stammt. Veronika ist eine geschickte Töpferin, deren Handwerkskunst von Touristen und Einheimischen geschätzt wird. Sie fühlt intuitiv, dass Mauser etwas vor ihr verbirgt und schlägt ihm vor, dass er sie zur Ostermesse und anschließend zum „israelitischen" (21) Friedhof begleitet (aus historischem Feingefühl heraus meidet sie das Wort „jüdisch"). Wieder denkt Mauser an seinen Vater, der – trotz seines ausgeprägten Gerechtigkeitssinns – den Abtransport seiner Tochter Mutz nicht verhindern konnte, wenngleich er sich ein anderes Mal mit seiner Privatwaffe (einer historischen P04 mit Munition, die sein Sohn als Vermächtnis pflegt) mutig gegen eine SA-Truppe stellte.

Kapitel 3

Mutz war geistig behindert und ist mit zwanzig umgekommen.

Nach der Ostermesse sichert Mauser Spuren im Münzloch, die er für weitere Forschungen archiviert.

Mit Veronika besucht Mauser am Ostersonntag die Messe. Während des Gottesdienstes schweifen seine Gedanken ab und er erinnert sich an das Ostern seiner Kindertage mit seiner Schwester Mutz, die noch als Erwachsene den Entwicklungsstand einer Fünfjährigen hatte und mit zwanzig umgekommen ist. Bei der Predigt nickt er ein und schreckt in Gedanken an seinen Höhlenfund auf. Nach der Messe macht er sich erneut zum Münzloch auf, um erste Spuren an Ort und Stelle zu sichern. Die Nazi-Vergangenheit steht ihm klar vor Augen, als er im Jackett des Toten das Etikett der Herstellerfirma Gminder KG, Reutlingen, entdeckt, einer Textilfirma, die vor Kriegsende geschlossen wurde. Er fotografiert den Toten, sichert Lehmspuren unter dessen Fingernägeln und bemerkt einen Kopfdurchschuss, findet jedoch in der Höhle keine Patronenhülsen. Sorgfältig verstaut und archiviert er seine Untersuchungsergebnisse für weitere Nachforschungen. Am nächsten Tag will er seinen Fund dem Dorfpolizisten Waiblinger melden.

Kapitel 4

Am Tag darauf fährt Mauser wie beabsichtigt ins Polizeibüro und informiert Waiblinger über seinen Leichenfund. Mauser ist klar, dass der beleibte Beamte die Leiche selbst nicht in Augenschein nehmen kann, doch als der darauf besteht, fahren sie im Polizeiauto zur Münzloch-Höhle, nicht ohne die Aufmerksamkeit einiger Dorfbewohner zu erregen. Dort angekommen, klettert Mauser dem keuchenden Polizisten voraus, der ihm durch Kriechgang und Grundwasser noch folgen kann. Vor der kleineren Lehmkammerhöhle, in der die Leiche liegt, muss er allerdings aufgeben. So entschließen sie sich zur Umkehr und Waiblinger fordert Spezialleute vom Bundesgrenzschutz an, die am nächsten Tag in Mausers Begleitung zum Toten vordringen sollen. Der Polizist sperrt den Einstieg zum Münzloch ab und untersagt Mauser ein weiteres Betreten. Mauser ist klar, dass der tote Mensch in der Höhle ihm jetzt, wo die Sache öffentlich ist, nicht mehr „gehört" (40). Aber er freut sich über den Vorsprung bei der Aufklärung der Mordtat. Aus der von ihm anschließend mit dem Schulmikroskop untersuchten Fingernagelprobe folgert er, dass der Tote außerhalb der Höhle erschossen wurde, da die Moosreste und Pflanzenfasern auf Waldboden schließen lassen.

Mauser informiert den Ortspolizisten Waiblinger über den Leichenfund.

Eine Spezialeinheit des Bundesgrenzschutzes wird zur Bergung der Leiche angefordert.

Aus der Untersuchung der Fingernagelprobe folgert Mauser, dass der Tote im Wald über der Höhle erschossen wurde.

Kapitel 5

Mauser steht oberhalb der Höhle, an der Stelle, wo der Tote seiner Meinung nach erschossen wurde und will die Patronenhülsen mit seinem Metallsuchgerät aufspüren. Er begegnet Waiblinger, der wie er selbst auf Spurensuche ist und die Absperrung zu diesem Zweck weiträumig ausgedehnt hat. Mauser beschließt, sich von hinten durch den Wald Zugang zum mutmaßlichen Tatort zu verschaffen.

Kommissar Greving bittet Mauser um Hilfe bei der Leichenbergung.

Den weiteren Tag verbringt er zu Hause, wo er im Keller seinen Metalldetektor findet und seine bisherigen Erkenntnisse rekapituliert. Er bekommt Besuch von Kommissar Greving, der ihn bittet, ihn in die Lehmkammerhöhle zum Toten zu führen. Es stellt sich heraus, dass Greving an Klaustrophobie leidet und ebenfalls für die Inspektion der Leiche ungeeignet ist. Bis zum Durchschlupf in die Kammer schafft es der Kommissar mit eiserner Disziplin, doch dann gibt er auf. Mauser gibt ihm zu verstehen, dass er sich im Höhlensystem der Alb gut auskennt, und der Kommissar bittet ihn, ihm seine Fachkenntnisse zur Verfügung zu stellen. Doch nach intensivem Nachdenken zu Hause beschließt Mauser, die Geschichte hinter dem Toten, die er im Zusammenhang mit seinem Vater und der NS-Zeit sieht, allein herauszubekommen.

Kapitel 6

Mauser ist zunächst mit dem Metallsuchgerät im Wald oberhalb der Höhle unterwegs. Dabei erinnert er sich an seinen Vater und dessen Verhalten unter Hitlers Regime. Sein Vater verachtete die Nazis, sprach viel vom schmalen Grat zwischen Recht und Unrecht und weigerte sich, ortsansässige Juden zu verhaften. Mauser denkt auch den Abtransport seiner geistig retardierten Schwester Mutz in einem grauen Bus mit weiß gestrichenen Fenstern, damit niemand von außen hineinsehen konnte. Sein Vater litt darunter, dass er dies nicht verhindern konnte und seine Mutter beging daraufhin Selbstmord. Ein Zusammenhang mit dem Toten in der Lehmkammerhöhle drängt sich ihm auf. Mauser findet die Patronenhülse im Waldboden und etwas später auch die Kugel.

Mausers Mutter beging Selbstmord nach dem Tod ihrer Tochter.

Als Waffenkenner weiß er sofort, dass dies ein seltenes Kaliber ist. Bilder an gemeinsame Abende mit seinem verwitweten Vater schießen ihm durch den Kopf und an das ihm damals unverständliche Attest aus Grafeneck. Er ist fest entschlossen, „Licht hinein(zu)tragen in diese Höhle aus Zeit. Er wird alles ableuchten und sich nicht vor den Schatten fürchten, die er aufstört.“ (61) Nachdem er zu Hause seinen Fund entrostet hat, stellt er fest, dass die Kugel aus einer alten P04 stammt, einem Kaliber für die alte Pistole seines Vaters, deren sorgfältige Pflege er Jahr um Jahr besorgt hat. Der Verdacht, die Kugel könnte aus der Waffe seines Vaters stammen, regt ihn auf.

Mauser findet die Patronenhülse im Wald. Er befürchtet, dass sie aus der Privatwaffe seines Vaters stammt.

Um sich zu beruhigen, geht er in Veronikas Töpferwerkstatt. Er will ihren geschickten Händen bei der Arbeit zusehen. Mauser unterhält sich mit seiner Freundin über die Vergangenheit und seinen Vater. Dieser machte keinen Unterschied zwischen Einheimischen und den jüdischen Mitbürgern, für deren Leistungen er Hochachtung zeigte, weil sie aus dem Dorf Buttenhausen ein ansehnliches hübsches Städtchen auf der Alb gemacht hatten mit Zigarrenfabrik, Strickerei und Realschule. Er erzählt Veronika von der Reichspogromnacht und dem Brand der Synagoge, der zunächst von der Feuerwehr gelöscht worden war, die der jüdische Bürgermeister und sein Vater herbeigerufen hatte, bevor sie am nächsten Tag erneut angezündet und niedergebrannt wurde. Auch bedrängt ihn erneut die Erinnerung an seine geistig zurückgebliebene Schwester. Er vermutet einen Zusammenhang zwischen dem Toten in der Höhle, seiner Schwester und dem Vater.

Mauser sen. schätzte die jüdischen Mitbürger und versuchte die brennende Synagoge in Buttenhausen zu retten.

Wieder zu Hause, holt er die alte Pistole aus dem Versteck, von deren Existenz nur er weiß. Er nimmt sich vor, eine Kugel daraus abzufeuern, um sie mit der im Wald gefundenen zu vergleichen.

Kapitel 7

Ein Mannschaftswagen mit vier Beamten und dem Einsatzleiter ist zur Bergung des Toten gekommen. Gemeinsam mit Mauser fahren sie zum Fundort und kriechen mit Bergungsausrüstung in die Lehmkammerhöhle. Dabei geht es laut und wenig zimperlich zu. Mauser möchte am liebsten nicht mitgehen, ihm erscheint dieses Vorgehen pietätlos. Er selbst hat einen intimeren Bezug zum Toten, den er mit dem Gerechtigkeitsgefühl seines Vaters in Verbindung bringt. Die Höhle scheint ihm jetzt alle Geheimnisse zu verlieren.

Eine Spezialeinheit birgt den Toten, der zur Obduktion nach Tübingen gebracht wird.

Die Bergung wird geräuschvoll, aber sachkundig durchgeführt. Mit Hilfe eines Luftkissensacks bringen sie den Toten unbeschädigt ans Tageslicht. Dabei stellen sie fest, dass der Mann mit einem aufgesetzten Genickschuss getötet wurde. Die Blutspuren werden gesichert und der Tote wird zur Obduktion nach Tübingen geschafft. Ein zweiter Höhlenausgang kann nicht gefunden werden, auch nicht Projektil und Kugel. Nach getaner Arbeit verlassen die auswärtigen Beamten Buttenhausen.

Wieder im Freien, wird Mauser durch das Gespräch mit dem Kommissar klar, dass es Greving um dic Klärung eines Falls geht, nicht um die Lösung eines Rätsels. Während Mauser die Wahrheit herausfinden möchte, bezweifelt Greving, dass dies möglich sei. Er hält die Welt für einen Ort der Dunkelheit, bedürftig des Erbarmens und der Vergebung, doch Mauser beharrt darauf, dass es Verantwortliche und Schuldige gebe und dass jedes Unrecht an den Tag kommen und gesühnt werden müsse.

Greving glaubt, dass die schuldig Gewordenen des Erbarmens und der Vergebung bedürfen.

Mausers Triumph am Ende des Gesprächs besteht darin, dass er der Untersuchung voraus ist, da er die Kugel gefunden hat. Es wird ihm aber auch deutlich, dass er auf der Hut sein muss, dem sympathischen Kommissar nicht alles zu verraten, der ihm „gefährlich“ (85) erscheint, weil man nicht mit ihm reden kann.

Kapitel 8

Veronika besucht mit Mauser den jüdischen Friedhof. Das Gespräch der beiden dreht sich um die Grabsteine und die jüdische Gepflogenheit, niemals die Gräber aufzulassen, damit nach biblischem Glauben die Toten am Jüngsten Tag daraus auferstehen können. Auch die jüdische Sitte, die Toten mit auf den Gräber abgelegten Steinen zu ehren, kommt zur Sprache. Fast vierhundert jüdische Mitbürger liegen auf dem Friedhof begraben und Waltz, ein Dorfbewohner, hat ihre Geschichte erforscht und aufgeschrieben. Für jeden Juden, der von den Nazis in ein Konzentrationslager (KZ) eingeliefert und dort getötet wurde, hat Waltz eine Holzlatte aufgestellt und einen Stein darauf gelegt, um die Schuld, die durch die Nazis der – zustimmenden oder ablehnenden – Bevölkerung aufgebürdet wurde, in Erinnerung zu behalten. Während Veronika die Namen auf den Grabmalen entziffert – oft biblische Vor- und schwäbische Nachnamen – bleibt Mauser zurück und denkt an das nachbarliche Grafeneck. In dieser Euthanasieanstalt wurden viele junge Menschen umgebracht, darunter seine zwanzigjährige Schwester Mutz, deren Leben bei den Nazis auf Grund ihrer geistigen Behinderung als „unwert" galt. Sie hat kein Grab, das er besuchen kann, so wie das Grab seines Vaters und seiner Mutter auf dem anderen Friedhof des Dorfes. Er möchte gern eines für sie einrichten, so wie Waltz es für die ermordeten Mitbürger von Buttenhausen getan hat. Mutz und ihre Geschichte ist noch unerforscht. Mauser hat das Gefühl, dass er auf dem Weg ist, diese Lücke zu füllen. Sein Vater war kein Nazi, er hat sich gegen das Unrecht und für das, was er für Recht hielt, immer deutlich ausgesprochen und war für Mauser immer ein Vorbild.

Veronika und Mauser unterhalten sich auf dem jüdischen Friedhof über jüdische Sitten, Glauben und Auferstehung.

Waltz erforscht und archiviert die Geschichte der Buttenhausener Juden.

Mutz wurde in der Euthanasieanstalt Grafeneck umgebracht. Sie hat kein Grab als Andenken, ihre Geschichte ist unerforscht.

Als Veronika zurückkommt, erzählt sie ihm die Geschichte von Sofie Levi und ihrer Tochter Rosa, die sie von Waltz hat. Als die beiden 1940 von den Nazis abgeholt werden sollten, schluckten sie Tabletten. Sofie war sofort tot, aber Rosa hätte gerettet werden können, wenn nicht der Arzt aus Mitleid mit ihr seine Hilfe verweigert hätte. Veronika erinnert an Mausers Vater, aber Mauser zweifelt insgeheim an dessen moralischer Integrität und befürchtet, dass er mit dem Toten in der Höhle etwas zu tun haben könnte.

Die gefundene Kugel möchte er unter dem Mikroskop ansehen und das Rillenprofil abzeichnen, um im Vergleich herauszufinden, ob die Pistole seines Vaters die Tatwaffe ist. Er denkt an den ermittelnden Kommissar Greving, dem er die gefundene Kugel weiterhin vorenthalten möchte.

Kapitel 9

Die Zeitzeugen Waltz und Mattes erzählen Mauser von Dr. Hochstetter, der seine Patienten der Euthanasie-Anstalt Grafeneck lieferte.

Im Gasthaus „Pflug" spielt Mauser mit Heinrich Waltz und Eugen Mattes Binokel. Das Gespräch dreht sich sowohl um das Spiel, in dem Mauser viel zu hoch reizt, als auch um den Leichenfund in der Höhle, dem der Kommissar im Dorf nachspürt. Mauser befragt die Dorfbewohner nach einem Vermissten in den Kriegswirren, doch die Spieler sind sicher, dass er keine Auskunft bekommen wird, denn es gibt kaum noch jemanden, der diese Zeit als Erwachsener erlebt hat – außer Waltz und Mattes. Durch seine Nachforschungen über die Juden ist Waltz bestens über die Geschehnisse in der Nazizeit informiert. Er kennt die Nazis des Nachbardorfs Hundersingen und weiß von dem Arzt Doktor Hochstetter, dem Leiter des Psychiatrischen Landeskrankenhauses in Zwiefalten, der seine Patienten in Bussen mit Sonderattesten in die Euthanasie-Anstalt Schloss Grafeneck überstellt hat. Von Mauser will man wissen, was bisher über den Toten herausgefunden wurde. Als Kommissar Greving dazukommt und sich zu den Spielenden gesellt, wird Mauser nervös und macht Fehler im Spiel, weil er fürchtet, er könnte zuviel verraten. Greving möchte wissen, ob das Kreidekreuz auf dem Jackettrücken des Toten eine Kennzeichnung der Buttenhausener Juden gewesen sei. Mauser glaubt, dass Waltz, der schweigt, dieses Zeichen kennt. Greving befragt die Leute nach vermissten Menschen in den Wirren des Kriegsendes, um die Identität des Toten herauszufinden. Mauser ist sich sicher, dass Greving von Grafeneck noch nichts weiß. Auch er will ihm nichts darüber erzählen, sondern als nächstes das Rillenprofil der Kugel untersuchen, um herauszufinden, ob sein Vater etwas mit dem Mord zu tun hat.

Greving stößt bei seinen Ermittlungen auf Schweigen.

Kapitel 10

Hermann Mauser müht sich mit dem Zeichnen des Kugelprofils ab. Er zweifelt daran, dass mit seiner unprofessionellen Abmalmethode ein sicherer Projektilvergleich gelingen kann und will am liebsten aufgeben. Zur Entspannung fährt er mit seinem Moped in der Gegend herum. Dabei kommt er zur Wasserhöhle, einem beliebten Ausflugsziel. Zusammen mit anderen Touristen befährt er die Höhle. Der Ausflug entspannt ihn und nimmt ihm die Unruhe. Bei der Beobachtung eines im Gras liegenden Ehepaars denkt er an Veronika und dann an seinen Vater und die P04-Pistole, die er als Andenken an ihn gepflegt hat. Er ist überzeugt vom Rechtsgefühl seines Vaters und zweifelt, dass der Schuss aus dessen Waffe stammt. Er fühlt, dass sein Vater ihm fremd geworden ist, was ihn zu weiteren Nachforschungen motiviert. In seinem Notizbuch aktualisiert er den Stand seiner Ermittlungen und setzt hinter „Kreidekreuz“ statt eines Fragezeichens den Namen von Heinrich Waltz.

Mauser zeichnet das Kugelprofil ab.

Unterdessen befragt Kommissar Greving Veronika Baader in ihrer Werkstatt, die ihm bereitwillig Auskunft erteilt, u. a. über ihre freundschaftliche Beziehung zu Hermann Mauser, den sie seit fünf Jahren kennt und dessen Charakter sie schätzt. Greving erfährt von ihr auch, dass sich Mauser für Waffen interessiert und die alte P04 seines Vaters hegt und pflegt, und dass er in Ruinen mit seinem

Greving befragt Veronika Baader.

Metallsuchgerät nach frühgeschichtlichen Fundstücken sucht. Außerdem empfiehlt sie dem Kommissar Waltz als Kenner aller Judengeschichten von Buttenhausen. Greving verabschiedet sich mit dem Gefühl, dass Mauser irgendetwas mit dem Toten zu tun hat und etwas weiß, das er nicht preisgeben will.

Kapitel 11

Waltz verschweigt Greving die Bedeutung des Kreidekreuzes.

Greving befragt Waltz in dessen Haus, um etwas über das Kreidekreuz zu erfahren. Ihr Gespräch dreht sich zunächst um Persönliches, bevor sie auf Waltz' Nachforschungen zu den im KZ getöteten jüdischen Mitbürgern kommen, deren Geschichte Waltz erforscht und in seinem Archiv festgehalten hat. Sie sprechen über die Bedeutung, die diese Arbeit für Waltz hat und über den jüdischen Friedhof, in den Waltz laut eigener Aussage Ordnung gebracht hat. Nach dem Kreidekreuz befragt, antwortet Waltz: „Wenn ich's Ihnen sagen würde, dann müßte ich sagen: Ja, ich hab was gewußt. So aber kann ich sagen, ich weiß von nix." (126) Anschließend fährt Greving nach Reutlingen, um die Ergebnisse der Kriminaltechnischen Untersuchung am Toten abzuwarten.

Waltz erzählt Mauser von Mutz und den Kreidekreuzen und verweist ihn an den in Hundersingen lebenden Hochstetter.

Wenig später erscheint Mauser bei ihm und erfährt, dass den Behinderten, bevor sie in die grauen Busse nach Grafeneck einstiegen, ein Kreidekreuz auf den Rücken ihrer Kleider gemalt wurde. Auch darüber hat Waltz eine Liste angefertigt, u.a. mit Mutz' Namen darauf. Mauser erinnert sich, wie Mutz abgeholt wurde, und dass ein Arzt sie eine Woche vorher untersucht hat. Waltz verrät ihm den Namen des Arztes – Hochstetter – und berichtet, dass dieser in Hundersingen praktiziert hat und noch dort lebt. Er habe dem Leiter von Grafeneck die Patienten zugeführt und sei somit verantwortlich für ihre Ermordung. Doch im Prozess nach Kriegsende habe man ihm nichts nachweisen können, da Hochstetter leugnete, den Leiter von Grafeneck, Dr. Schumacher, gekannt zu haben.

Daraus folgert Mauser, dass der Tote ein Behinderter gewesen sein muss. Er kann nicht glauben, dass sein Vater einen Behinderten erschossen hat. Der Mörder muss ein Nazi gewesen sein. Waltz wie auch Mauser spüren, dass der andere ein Geheimnis hütet, das er nicht preisgeben will. Obwohl Mauser weiß, dass er damit die Vergangenheit nicht ändern kann, will er zu Hochstetter gehen und sich Gewissheit verschaffen.

Mauser muss befürchten, dass sein Vater einen Behinderten erschossen hat.

Kapitel 12

Mauser fährt ins Grabenstättener Albhöhlenarchiv, um dort Näheres über die Totenkammer zu erfahren, doch dies erweist sich als aussichtslos. Nun nimmt er den Rillenprofilvergleich in Angriff, indem er bei laufendem Motor in seiner Garage auf Matratzen schießt und anschließend vor dem Schulmikroskop eine Profilzeichnung von der Kugel anfertigt. Damit ist zweifelsfrei klar, dass beide Patronen aus der Pistole seines Vaters stammen. Mauser spekuliert weiter über Täter und Tathergang; sein Vater könnte die Pistole auch weitergegeben haben. Irgendwie kann die Leiche dann in die Höhle gesenkt worden sein, durch einen zweiten Zugang vielleicht. Mauser ist voller Wut, dass ausgerechnet ihm auferlegt zu sein scheint, Licht in die Sache zu bringen, weil er die Leiche aus der Zeit seines Vaters gefunden hat. Er stellt sich vor, was mit Mutz geschehen ist, nachdem sie in den Bus nach Grafeneck gestiegen war. In Buttenhausen hat man von den Vorgängen in Grafeneck zunächst nichts gewusst, bis die Öfen qualmten und der Rauch sichtbar war. Es gab Gerüchte; die Busfahrer berichteten, von den Buttenhausenern in die Enge getrieben, was sie in Grafeneck gesehen hatten, worauf die Buttenhausener protestierten, dass ein Arzt aus Zwiefalten Atteste über „unwertes Leben" ausstellte. Der Bürgermeister forderte ein Gespräch mit dem Anstaltsleiter Dr. Schumacher. In der Zeitung erschienen Fo-

Mauser stellt fest: Der Tote wurde mit der Waffe seines Vaters erschossen.

Mauser spekuliert über Mutz' Tod und sinniert über die Nazivergangenheit in Buttenhausen und Grafeneck.

tos und ein Bericht über die psychiatrische Anstalt, doch die mörderische Arbeit wurde fortgeführt bis kurz vor Kriegsende, wo die Verantwortlichen alle Unterlagen vernichteten und flohen.

Mauser besucht die Gedenkstätte Grafeneck und findet auf der Liste der Ermordeten den Namen seiner Schwester.

Mauser fährt noch einmal zur Gedenkstätte, blättert in der Namensliste der Ermordeten und findet den Namen seiner Schwester: „Therese Mauser. Geboren 1924, Gestorben 1944 in Grafeneck.“ (143) Seiner Familie hatte man keine Nachricht über ihre „Verlegung“, auch nicht über ihren Tod zukommen lassen. Mauser vermutet, dass seine Mutter gewusst haben muss, was der Arztbesuch für Mutz zu bedeuten hatte. Es geht ihm darum, mit der Vergangenheit seines Vaters abzuschließen. Er nimmt die Pistole seines Vaters mit zu Hochstetter.

Kapitel 13

Mauser fährt mit dem Auto zu Hochstetter nach Hundersingen. Er hat die Tatwaffe in der Jackentasche. Er konfrontiert den alten, kränklich aussehenden Hochstetter mit dem Vorwurf, seine Schwester den Nazís ausgeliefert zu haben, was dieser vehement bestreitet.

Mauser konfrontiert Hochstetter mit seinen Vorwürfen und bedroht ihn mit der Pistole seines Vaters.

Hofstetter weiß, dass Mauser Lehrer in Buttenhausen ist und erinnert sich auch an Mausers Vater, den Dorfpolizisten und „Gerechtigkeitsfanatiker“ (152), der ihn mit der Pistole bedroht habe. Mauser zeigt ihm die P04. Hochstetter greift sich um Atem ringend ans Herz und behauptet, das sei die Pistole, mit der er bedroht wurde. Befragt nach dem Kreidekreuz auf dem Anzug der Leiche, nennt Hochstetter dies eine „grausame Inszenierung“ (153) von Mausers Vater. Nun bedroht Mauser ihn mit der Waffe. Hochstetter weist eine persönliche Schuld von sich und deutet an, dass es auch andere Buttenhausener Mitwisser gebe. Er wiederholt seinen Rauswurf, weil er spürt, dass Mauser nicht schießen wird. Mauser steckt die Pistole zurück in die Jackentasche. Er will wiederkommen und be-

Name	Vorname
Straße / Hausnummer	Geburtsjahr
Land / PLZ	Wohnort
E-Mail	
☐ Lehrer/in Fach: ☐ Referendar/in Fach:	
☐ Schüler ☐ Eltern ☐ Sonstiges:	
Wie sind Sie auf uns aufmerksam geworden?	

☐ Ja, ich würde mich freuen, künftig über attraktive Angebote des C. Bange Verlages informiert zu werden.

Ihre Daten werden ausschließlich zu Übertragungszwecken verwendet.
Der C. Bange Verlag verkauft Ihre personenbezogenen Daten nicht an Dritte.
Wir treffen generell größtmögliche Vorkehrungen für die Sicherheit Ihrer Daten.

Bitte ausreichend frankieren. Danke!

Antwort

C. Bange Verlag GmbH
z. Hd. Thomas Appel
Postfach 1160
96139 Hollfeld
Deutschland

fürchtet, dass sein Vater aus Hilflosigkeit und Wut wegen des Unrechts an Mutz und seiner Mutter einen Behinderten erschoss.

Kapitel 14

Mauser stellt den ehemaligen Grafeneck-Busfahrer Mattes zur Rede, der seine Mitschuld leugnet.

Mauser fährt zu Mattes, der gerade sein Feld pflügt. Seine Bemerkung, dass er gerade von Hochstetter komme, macht diesen stumm und unsicher. Mattes wusste als ehemaliger Busfahrer über Schloss Grafeneck Bescheid. Doch er zeigt gegenüber Mauser kein Schuldbewusstsein, auch nicht, als dieser ihn mit seiner Pistole bedroht. Mattes wehrt die Bedrohung nicht ab, sondern akzeptiert sie als ausstehende Konsequenz aus seiner Vergangenheit. Mauser vergibt dem Mitläufer Mattes (zumal er die Schuld seines Vaters für größer hält), doch der schlägt seine Vergebung aus und flüchtet. Mauser wird nun klar, dass die Dörfer voll sind von schweigenden Mitläufern, die sich ihre Verbrechen selbst nicht eingestehen und dass er niemanden zum Schuldeingeständnis zwingen kann. Eigentlich möchte er zu Veronikas Werkstatt gehen und ihr alles erzählen, doch stattdessen bleibt er im Auto sitzen und wünscht sich den Kommissar herbei.

Kapitel 15

Greving ist wieder zurück in Buttenhausen und denkt über seinen aktuellen Fall nach, in dem es gilt, einen 50 Jahre zurückliegenden Mordfall aufzuklären. Er entwickelt keinen großen Ehrgeiz bei seiner Arbeit, mag es jedoch, Tatverdächtige zu verhören, um ihre Motive nachvollziehen zu können.

Das Gesicht der Leiche wurde rekonstruiert.

Inzwischen liegen die pathologischen Befunde vor. Aufgrund der Mumifizierung konnte das Gesicht des Mannes fotografisch rekonstruiert werden, das einen auffälligen Leberfleck unter dem linken Auge aufweist. Der Todeszeitpunkt war jedoch nicht genau zu bestimmen.

Greving weiß über Schloss Grafeneck Bescheid.

Das Rätsel um das Kreidekreuz ist gelöst: Der Tote ist entweder behindert oder ihm wurde die Kleidung eines für Grafeneck Bestimmten angezogen. Greving will sich das Schloss ansehen. In der Landesanstalt in Zwiefalten wurden grausame Menschenversuche an Behinderten durchgeführt. Anschließend wurden die Probanden in Grafeneck vergast und verbrannt. Bis zum Kriegsende war Dr. Jürgen Schumacher Anstaltsleiter in Grafeneck. Das historisch verbürgte, monströse Euthanasieprojekt berührt den sonst eher sachbezogenen Kommissar. Er will die Fotos mit dem rekonstruierten Gesicht der konservierten Leiche den Menschen im Dorf zeigen und hofft, dass es jemand erkennt.

Mauser erzählt Greving von seiner Schwester und liefert ihm die Tatwaffe seines Vaters aus.

Vom Dorfpolizisten Waiblinger erfährt er, dass Mauser Mattes mit einer Pistole bedrohte, worauf dieser keine Anzeige erstattet hat. Greving glaubt, dass Mauser ein Geheimnis hütet, welches er nicht mehr für sich behalten will. Zufällig begegnet ihm kurz darauf Mauser auf seinem Motorrad und lädt ihn spontan in seine Wohnung ein. Dort informiert ihn Greving über den Fortgang der Ermittlungen. Dem Kommissar wird klar, dass Mauser sich sehr für den Täter interessiert. Mauser erzählt ihm von seiner behinderten Schwester Mutz. Greving spricht ihn auf seine Bedrohung von Mattes an, worauf dieser ihm seine P04 gibt, die er nicht mehr zurückhaben will, und auch die beiden Kugeln, die beide aus der Waffe seines Vaters stammen. Greving ermahnt Mauser, die polizeilichen Ermittlungen durch seine Eigenmächtigkeit nicht weiterhin zu behindern.

Kapitel 16

Mauser besucht Hochstetter zum zweiten Mal, wird aber nicht eingelassen.

Mauser fährt zu Hochstetter, um mehr über seinen Vater zu erfahren. Doch dieser lässt ihn nicht herein, obwohl Mauser sich für die Bedrohung mit der Pistole entschuldigt. Hochstetter bemerkt dazu, nicht er, sondern sein Vater hätte sich zu entschuldigen gehabt. In Form eines inneren Monologes werden nun Hofstetters

Erinnerungen an die inszenierte Hinrichtung geschildert: Der Arzt wurde von drei Männern (darunter Mausers Vater) gezwungen, Hochstetters Begleiter (der vorher den Kreidekreuz-Anzug anziehen musste) im Wald zu erschießen, anschließend ließen sie Hochstetter gehen. Die aufwühlenden Erinnerungen lösen beim über 90-Jährigen ein Herzanfall aus, während der abgewiesene Mauser sich zum Gehen wendet.

Hofstetter erinnert sich, wie ihn Mauser sen. zum Mord an Dr. Schumacher zwang und bekommt einen Herzanfall.

Abends trifft Mauser Waltz im Gasthaus Pflug, der ihn durch einen alten Zeitungsausschnitt vom November 1944 mit dem Titel „Spurlos verschwunden“ darauf stößt, dass es sich bei der mumifizierten Leiche um den Grafenecker Anstaltsleiter Dr. Jürgen Schumacher handelt. Er erfährt von ihm außerdem, dass Hochstetter und Schumacher auf der Flucht eine Panne hatten und in die Hände von Mausers Vater, eines bereits verstorbenen Gottfried Staudinger und eines Dritten gerieten, welche gemeinsam die Hinrichtung im Wald inszeniert haben. Waltz leugnet, der dritte Mann gewesen zu sein. Die drei hätten im Prozess gegen Hochstetter aussagen und ihn so zu Fall bringen können, aber weil damit auch ihr Verbrechen herausgekommen wäre, ließen sie den Arzt davonkommen.

Mauser erfährt von Waltz einen Teil des Tathergangs.

Unterdessen spricht Greving mit Mattes über Mausers Bedrohung mit der Pistole. Mattes entschuldigt Mausers Verhalten mit seiner Verwirrung aufgrund des Leichenfunds. Das Gesicht auf dem hergezeigten Foto kenne er nicht, was der Kommissar offen bezweifelt. Dann gesteht Mattes, einer der Grafeneck-Busfahrer gewesen zu sein und dadurch Mitschuld auf sich geladen zu haben, zu der er sich nun erstmals bekenne. Er nennt jetzt auch den Namen des Toten (wisse aber nicht, wer ihn getötet hat) und sagt, dass Hochstetter manchmal mit seinen Zwiefaltener Patienten im Bus nach Grafeneck gesessen habe. Gegen den Zwiefaltener Arzt wurde nach dem Krieg prozessiert, er wurde jedoch frei gesprochen und lebe seitdem in Hundersingen.

Matte gesteht gegenüber Greving seine Mitschuld und informiert ihn über den Prozess gegen Dr. Schumacher.

Kapitel 17

Hochstetter liegt im Koma und kann von der Polizei nicht mehr befragt werden.

Greving fährt mit Waiblinger nach Hundersingen zu Hochstetter. Unterwegs liest er den Untersuchungsbericht, der bestätigt, dass die P04 die Tatwaffe ist. Das Motiv des noch unbekannten Täters ist also vermutlich Rache. Waiblinger erzählt vom ehemaligen Arzt Hochstetter, dem einzigen überlebenden Augenzeugen, von dessen Tätigkeit in Zwiefalten und dem Prozess gegen ihn. In Hundersingen erfahren sie von Nachbarn, dass Hochstetter vor zwei Tagen ins Münsinger Krankenhaus eingeliefert wurde. Weil der Kranke auf der Intensivstation liegt, können sie ihn nicht befragen. Auf dem Rückweg vom Krankenhaus steigt Greving aus, um das Gestüt in Marbach zu besuchen. Er liebt Pferde, ihre Beobachtung beruhigt ihn. Diese in der Herde erzogenen Individualisten vergleicht er in Gedanken mit der Erziehung junger Menschen, die analog dazu stark von den Familienverhältnissen abhängt. Greving sinniert über den Sinn des Leides, das Menschen einander zufügen, und den Sinn des Lebens. Dabei gewinnt er die Überzeugung, dass nur der richten kann, „der alles weiß" und „den Abgrund kennt" (204) und dass die Menschen sich nach einem „aufgehobenen Leben" (205) sehnen. Er schwankt, ob er seinen Beruf wechseln soll, entscheidet sich aber dagegen. Zurück im Gasthof, nimmt er sich vor, am nächsten Tag nochmals mit Mauser zu reden.

Greving denkt über den Sinn des Lebens nach. Er ist von der Gerechtigkeit Gottes überzeugt.

Kapitel 18

Mauser nähert sich wieder seiner Freundin Veronika an.

Am Abend besucht Mauser Veronika, die ihm fremd geworden ist, während er mit der Vergangenheit beschäftigt war. Diese bittet ihn erfreut in ihre Küche. Während sie für ihn kocht, hadert er mit sich, ihr die ganze Geschichte zu erzählen, tut es aber doch nicht. Ihr wortloses Verständnis, ihre Loyalität und Liebe zu ihm vermitteln ihm Sicherheit und Geborgenheit. Lächelnd gibt sie ihm zu verstehen, dass sie durch Waltz Bescheid weiß und auf seine Frage nach Recht oder Unrecht in diesem Fall antwortet sie: „Das muss jeder für sich selber entscheiden." (211)

Auf dem Weg zu Mauser erfährt Greving von Hochstetters Tod, womit für ihn der Fall abgeschlossen ist. Bei Mauser rekapituliert er noch einmal seine Untersuchungsergebnisse, und Mauser bewundert seinen kriminalistischen Spürsinn. Die Frage nach einem zweiten Höhleneingang ist für Mauser nun nicht mehr wichtig. Mit Mausers Motorrad machen sie sich auf nach Grafeneck. Dort stehen sie erschüttert vor dem Gedenkstein und der Namensliste der Ermordeten. Auf einer Parkbank vor dem Schloss führen sie ein Gespräch über Tod, Auferstehung und Gerechtigkeit. Greving glaubt nicht an irdische Gerechtigkeit und verweist auf das Jüngste Gericht, das den Guten das ewige Leben und den Bösen die Hölle zuteilt. Am Schluss des Romans steht Mausers Erkenntnis, mit sich selbst, seiner Familie, den Tätern und Opfern „Erbarmen" (219) haben zu müssen. Bevor sie sich trennen, nimmt Greving Mauser das Versprechen ab, ihm einmal die ganze Geschichte zu erzählen, doch Mauser weiß, dass er nur einen Teil davon kennt.

Mit Hochstetters Tod ist für Greving der Fall abgeschlossen.

Greving unterhält sich mit Mauser über göttliche und irdische Gerechtigkeit.

4.2 Aufbau

Die Dramaturgie mit Fallaufklärung und -auflösung entspricht dem klassischen Kriminalroman.

Grafeneck erzählt in der Dramaturgie des Kriminalromans, genauer in seiner analytischen Variante des Detektivromans anhand eines dramatisch zugespitzten Einzelfalls von der Konfrontation nationalsozialistischer Vergangenheit mit der Gegenwart. Der den Erzählprozess auslösende Fall liegt im analytischen Zugriff vor dem Einsatz der Handlung, hier über fünfzig Jahre vor dem Romangeschehen.

Der Lehrer Hermann Mauser entdeckt in einer Höhle auf der Schwäbischen Alb eine rätselhafte, stark mumifizierte Leiche in einem vornehmen Anzug mit einem weißen Kreidekreuz auf dem Rücken. Todesursache war ein gezielter Kopfschuss, unbezweifelbar ein krimineller Akt. Zu ermitteln sind im Einzelnen die Identität des Toten, die Umstände der Tat und die Täter. Zu fragen ist vor allem nach dem Tathergang und nach den Motiven. Der große zeitliche Abstand zur Tat stellt eine besondere Komplikation dar. Durch die Verlegung des Verbrechens in die Zeit des Dritten Reiches wird NS-Zeitgeschichte mit der genretypischen Krimidramaturgie verwoben. Dabei geht es in erster Linie nicht um Spannung, sondern darüber hinaus fließt die grausame Realität in die Geschichte mit ein, die angelehnt ist an historische Euthanasiefälle.

Die fiktive Geschichte ist angelehnt an historische Euthanasiefälle.

Mauser, der Entdecker der Leiche, nimmt die Detektivarbeit der Ermittlung und Aufklärung auf sich, welche den meisten Raum im Roman beansprucht. Sie ist von vornherein verbunden mit der Erinnerung an seinen Vater, der zur Tatzeit als Dorfpolizist tätig war. Die Pistole des Vaters, noch immer im Besitz des Sohns, ist das mutmaßliche corpus delicti, da sich herausstellt, dass das aufgefundene Projektil der Kugel aus der väterlichen Pistole stammt. Dadurch ist die Lösung des Falls von Anfang an mit der Frage nach einer möglichen Schuld des Vaters verbunden, der für den Sohn stets ein sittliches Vorbild darstellte. Zeitgeschichte und Familienehre beginnen den Fall zu überlagern und den Konflikt zu vertiefen. Es geht nicht in erster Linie um das Verbrechen, sondern um persönliche und geschichtliche Implikationen.

Mausers private Ermittlungen werden durch familiäre Interessen motiviert.

Die Ermittlungsarbeit erfolgt zweigleisig: Während Mauser von persönlichen und familiären Motiven geleitet ist, übernimmt der Kommissar Greving die sachliche polizeiliche Ermittlung. Ziel der konventionellen Aufklärung ist die Ermittlung des Tatbestands ungeachtet seiner zeitgeschichtlichen Brisanz. Im Zuge

Kommissar Greving übernimmt die sachlich-polizeiliche Ermittlungsarbeit.

der Fahndung stoßen sowohl Mauser als auch der Kommissar auf Grafeneck, den Ort eines Euthanasieprojekts, wo nach dem Urteil der Nazis „unwertes" Leben ausgelöscht wurde. Für Greving ist diese Entdeckung Teil der polizeilichen Ermittlungsarbeit. Für Mauser jedoch verstärkt sie den Verdacht, dass sein Vater mit der menschenverachtenden Praxis zu tun gehabt haben könnte. Gerade das Nebeneinander nüchterner polizeilicher Recherche und persönlichen Betroffenseins vertieft das detektivische Erzählmuster zu einem zeitgeschichtlichen Zeugnis entlarvender Wahrheitssuche. Die Fiktion tritt in den Dienst authentischer Geschichtsdarstellung, die in ihren persönlichen Brechungen umso bedrückender erscheint. Fall und Fallaufklärung führen zur schockierenden Einsicht in die Unmenschlichkeit jüngerer Geschichte und in die Verbrechen der NS-Akteure. Aus den Aussagen der noch lebenden Zeitzeugen formt sich Stück für Stück ein nahezu lückenloses Bild dessen, was damals geschah. Den Toten in der Höhle identifizieren die Ermittler als den Leiter von Schloss Grafeneck, dem Ort des Euthanasieprojekts. Die Täter jedoch bleiben sowohl für Mauser als auch für den Kommissar im Dunkeln. Nur der Leser erfährt durch die personale Erzählperspektive von Hochstetters Erinnerung, die den Tathergang schildert: Der ehemaligen Leiters des Landeskrankenhauses hat Schloss Grafeneck seine Patienten zugeführt, unter ihnen Mausers behinderte Schwester. Mausers Vater war es zusammen mit zwei anderen, der den Leiter des Krankenhauses und den Leiter von Grafeneck zur Verantwortung gezogen hat, als diese bei Kriegsende das Weite suchen wollten. Er hat Hochstetter gezwungen, Dr. Schumacher mit seiner alten Pistole zu erschießen. Mit Hochstetters Tod ist der Fall abgeschlossen. Fall und Fallaufklärung münden konsequent in die Fallauflösung.

Allein der Leser erfährt durch Hochstetters Erinnerung den genaueren Tathergang.

Am Ende steht der Racheakt der Opfer, die in einem Akt der Hinrichtung den Hauptschuldigen liquidieren. Über die bloße polizeiliche Auflösung des Falls hinaus ist die Art und Weise, wie der Hauptschuldige zur Rechenschaft gezogen wird, ein aus Sicht der Opfer verständlicher, zugleich aber auch illegaler Akt. In der Welt Grafenecks ist es unmöglich, sich nicht in Unrecht und Schuld zu verstricken. Das geschichtliche Verbrechen degradiert die Menschen zu Opfern, die in ihrer Ohnmacht keinen anderen Weg sehen, als selbst Hand anzulegen, Selbstjustiz zu üben, wo die Täter allmächtig erscheinen. Insofern stellt die im Grunde gesetzeswidrige Hinrichtung weniger eine erlösende, angemessene Tat dar, als dass sie zu Erbarmen mit denjenigen auffordert, die, ungedeckt von polizeilicher Autorität, den Hauptverbrecher aus dem Weg räumen. Da weder der Kommissar noch Mauser den Tathergang über der Höhle genau rekonstruieren können, wird der Leser zur alleinigen wissenden Instanz, er ist im Grunde die dritte detektivische Kraft, die Schritt für Schritt über die Vorgänge aufgeklärt wird und am Ende sich herausgefordert sieht zu einem eigenen Urteil. Diese außerhalb der Fallaufklärung stattfindende Erschießung des Haupttäters durch einen Mittäter fordert den Leser dazu heraus, sich die Frage nach Recht und Unrecht zu stellen. Insofern finden wir in dem Roman eine offene Fallauflösung, die im Grunde nur der Leser leisten kann, und sei es nur, um die Unmöglichkeit eindeutiger Schuldzuweisungen zu konstatieren.

In einem Racheakt richten Angehörige von Euthanasie-Opfern den Hauptschuldigen Dr. Schumacher hin.

Der Leser wird zur dritten detektivischen Kraft und sieht sich am Ende herausgefordert zu einem eigenen Urteil über Recht und Unrecht.

Grafeneck bleibt ein Geschichtsfall von tragischer Dimension, seine Auflösung dokumentiert die moralischen Unzulänglichkeiten des Menschen. Ein vorausgeschicktes Zitat aus Platons Höhlengleichnis beleuchtet die Problematik der menschlichen Erkenntnissituation. In der Höhle gefangen, nehmen wir demnach nur ein Echo der Realität wahr, die wandernden Schatten der Dinge, so wie die mumifizierte Leiche nur das Abbild aus einer Geschichts-

Das Eingangszitat aus Platons Höhlengleichnis verweist auf die Problematik der menschlichen Erkenntnissituation.

phase darstellt, die versunken und ungreifbar scheint. Bei seiner ersten Begegnung mit der Leiche ahnt Mauser das Geheimnisvolle und Rätselhafte dieses Ortes, aber auch, dass dieser Tote ihm anvertraut ist als Schlüssel zur Geschichte seines Lebens, die es ans Licht zu bringen gilt. So wie bei Platon die Sonne die eigentliche Lichtquelle ist, die alles Gute erzeugt und die Begrenztheit aufhebt, so dient auch im Roman das Sonnenlicht als Medium, die Wahrheit über die Leiche an den Tag zu bringen, nachdem sie von der Polizei an die Oberfläche gebracht und eingehend untersucht wurde. Im Licht der Gegenwart und der Stück für Stück erinnerten Vergangenheit dringt man tief in die Geschichte des Leichenfunds und seine historischen Hintergründe ein. In der Höhle verborgen sind die Spuren des nationalsozialistischen Grauens als Botschaft an die Nachgeborenen. Den ideologischen Wahn der Nazi-Geschichte gilt es ans Licht zu bringen, ihn der Suche nach der Wahrheit zu unterwerfen. Die Vergangenheit darf nicht für alle Zeiten begraben sein, sondern muss im Licht der Gegenwart die Verirrung und Schuld des Menschen offenbaren, um ihn in seiner realen Erbärmlichkeit zu erkennen.

Die Höhle verbirgt Spuren der NS-Gräuel als Botschaft an die Nachgeborenen.

Im Medium des Kriminalromans tritt das Geschichtssubjekt als schuldig auf, dessen Schuld erkennbar, aber auch unsühnbar ist, das sich mit der Relativität aller Recht- und Unrechtzuweisungen längst abgefunden hat, ohne dass klare Abgrenzungen möglich erscheinen. Im Grunde zeugt der Roman von einem tiefen Geschichtspessimismus, der gelegentlich seine Zuflucht in Religion und Glauben sucht. Die Welt ist in den Worten des Kommissars ein dunkler Ort, der die Menschen immer wieder ins Böse verstrickt und nach Vergebung durch einen Höheren verlangt. Das eigentliche Thema des Kriminalromans ist das Abgründige der menschlichen Existenz, dem man sich stellen muss in der Hoffnung, Gnade vor Gott zu finden. Klärungen, wie sie die Fallauf-

Die Menschen sind ins Böse verstrickt und bedürfen der Vergebung einer höheren Macht.

lösung anbietet, geben nur Anlass, über den Menschen, der dem Dunklen verfallen ist, nachzudenken. Eine Lösung liegt allenfalls in der religiösen Transzendierung unseres schuldbeladenen Daseins.

Nicht von ungefähr spielt die Handlung um die Osterzeit, welche den Glauben an die Auferstehung des Menschen feiert. Das abschließende Gespräch zwischen Mauser und dem Kommissar (217ff.) kreist um die Wiedergeburt aller Menschen zum Leben und zum letzten Gericht. Auch Schumacher, der einstige Leiter von Grafeneck, wird nach religiöser Überzeugung Grevings unter den Wiedererweckten sein und zur Verantwortung gezogen werden. Gerade weil Christus auferstanden ist und unter den Lebenden ist, reicht das Leben jedes Menschen in die Ewigkeit hinein. Niemand kann in die Irre gehen, aber es wird auch niemand aus der Verantwortung entlassen. Die Bergung der Leiche aus der Höhle verweist bereits auf die Wiedererweckung, auf das Gericht, dem sich der Schuldige unterwerfen muss. Ein Entrinnen gibt es nicht, weil alles, was der Mensch seinem Mitmenschen antut, unerbittlich geahndet wird.

Die Oster-Auferstehungssymbolik im Roman verweist auf die existentielle Verantwortung des Menschen und die Hoffnung auf Erlösung.

Weit über eine bloße Spannungsgeschichte hinaus erzählt der Kriminalroman von der existentiellen Verantwortung des Menschen, von seiner Verstrickung in Schuld und seinem Verlangen nach Erlösung. Die Handlung endet nicht mit der Fallauflösung. Erleichterung spendet nicht sie, sondern der Glaube an das Aufgehobensein des Menschen im Schöpfungsplan, an das Leben nach dem Tod und an ein göttliches Gericht, das jeden trifft.

Wieder ins Harmonische wendet sich am Ende die Gemeinschaft von Mauser und Veronika, nachdem die durch den Leichenfund ausgelöste Entfremdung zwischen ihnen überwunden ist und Mausers Verhältnis zu seinem Vater sich wieder normalisiert. Veronikas Haus mit der Keramikwerkstatt ist als Gegenbild zur Lebensferne der Höhle ein Ort des Lebens und des kreativen

Veronikas Töpferwerkstatt als schöpferisches Gegenbild zu Höhle und nationalsozialistischer Lebensverachtung in Grafeneck.

Hervorbringens. Hier erfährt Mauser Geborgenheit und Zuwendung. Nicht länger befürchtend, der Vater könne im Sinne der Nazis gehandelt haben, fühlt er, dass Veronika ihn aufrichtig liebt und dass er nur mit ihr ein lebenswertes Leben führen kann. Nach der Verarbeitung der bedrückenden Vergangenheit tut sich für das Paar eine neue Zukunft auf, die beglückend in ihre Gegenwart hineinwirkt und ihr die Richtung weist. Die Liebe von Veronika und Mauser ist somit der humane Gegenentwurf zur nationalsozialistischen Lebens- und Menschenverachtung in Grafeneck.

4.3 Personenkonstellation und Charakteristiken

Opfer

→ Behinderte und ihre Angehörige, stellvertretend dafür Therese (Mutz) Mauser † und ihre Mutter †

→ Dr. Hochstetter, Dr. Schumacher †

Täter

→ Ortspolizist Mauser sen. †

→ Staudinger †, Heinrich Waltz?

→ Dr. Hochstetter, Dr. Schumacher †

ehem. Euthanasie-Anstalt
Grafeneck

Veronika Baaders human-kreative Gegenwelt

Richter

→ im Kriegsverbrecherprozess

→ selbsternannt: Mauser sen. †

Zeitzeugen

Eugen Mattes

Heinrich Waltz

Polizei-Ermittler

Kommissar Greving

Ortspolizist Waiblinger

Privatermittler

Lehrer Hermann Mauser jun.

Grafeneck als zentraler Ort des Erzählens gibt allmählich seine Schrecken preis.

Grafeneck ist, obwohl mehr in den Reden und Erinnerungen als in realiter präsent, der zentrale Ort des Erzählens. Um ihn kreisen die Gedanken und Erinnerungen der Figuren aus der Romangegenwart 1997 wie auch aus der erinnerten Vergangenheit um 1944. Erst im Rückblick der Protagonisten entsteht ein Bild von der einstigen Stätte des Grauens, die nur allmählich, Stück für Stück, ihren Schrecken preisgibt. Mit einer entscheidenden Ausnahme arbeiten alle, wenn auch oft zögernd, mehr andeutend als offen berichtend, mit an der Dekuvrierung einer Vergangenheit, die sich beunruhigend tief in das erinnernde Bewusstsein eingegraben hat. Doch alle Versuche zu vergessen scheitern und werden von denen, die unerbittlich fragen, durchkreuzt. Im Dialog der handelnden Personen begibt sich der Erzähler auf die Suche nach der Wahrheit, die, tief im Dunkel der Geschichte verborgen, wieder ans Tageslicht tritt. Im Einzelnen lassen sich fünf Gruppen unterscheiden, die in ihren Reaktionen Grafeneck wieder erfahrbar machen, wobei auch die Toten durch die Erinnerung der Lebenden präsent sind. Hier erweist sich die Fiktion als probates Mittel, gegen das Vergessen anzuschreiben und längst Vergangenes wieder lebendig werden zu lassen.

Eine besondere Bedeutung kommt dabei dem kurz vor der Pensionierung stehenden Lehrer **Hermann Mauser** zu. Er entdeckt die Höhle mit der stark mumifizierten Leiche eines unbekannten Mannes. Diese Entdeckung liefert den Anstoß für die eigentliche Krimihandlung und die damit verbundene Ermittlungsarbeit, welche dadurch an Brisanz gewinnt, dass Mauser der Sohn eines Polizeibeamten aus der Nazi-Zeit ist. Schon bald spitzt sich für ihn die Fahndung auf die Frage zu, ob sein Vater, ein erklärter Gegner der Nazis, als Täter in Frage kommt. Mausers Ermittlungen sind also von vornherein persönlich motiviert mit dem Ziel, den Vater und damit die Familie vom Verdacht einer Zusammenarbeit mit den Nazis reinzuwaschen. Mauser geht zwar weitgehend detektivisch vor, aber sein Augenmerk richtet sich weniger auf sachliche Aufklärung als auf mögliche persönliche Verwicklungen seiner Familie mit dem Leichenfund. So sehr setzen ihm seine Privatuntersuchungen zu, dass er sich darüber seiner Freundin Veronika entfremdet und aus seinem vertrauten Lebensrhythmus gerät. Der Fall aus der Vergangenheit okkupiert mehr und mehr Mausers Gegenwart und bestimmt zunehmend sein Handeln und Denken. Dadurch wird die Abhängigkeit des Einzelnen von der Geschichte deutlich, die irritierend in die eigene Lebensführung eingreift.

Hermann Mausers Privatuntersuchungen nehmen ihn zunehmend in Beschlag und zeigen seine Abhängigkeit von der (Familien-) Geschichte.

Mausers Freizeitinteressen sind charakteristisch für seine Handlungsweise: Sein Ehrgeiz ist es, alles, was er lehrt, selbst erforscht zu haben, sich mit nichts abzufinden, was er nicht durch eigene Recherchen überprüft hat (vgl. 9). Bis zum Schluss bleibt er diesem Ziel treu und trägt damit zur Fallaufklärung bei. Er kann nachweisen, dass es eine Verbindung zwischen dem Leichenfund und der ehemaligen Euthanasie-Anstalt Grafeneck gibt. Des weiteren gelingt es ihm, seinen Vater vom Verdacht der Nazi-Mittäterschaft zu reinigen, da Dr. Schumann, der Leiter Grafenecks, durch den väterlichen Einsatz den Tod gefunden hat. Die näheren Umstände seines Todes bleiben allerdings für ihn im Dunkeln.

Mauser zur Seite steht **Kriminalkommissar Greving**, der den Part der sachlichen Aufklärung übernimmt. Ohne erkennbares persönliches Engagement geht es ihm um die nüchterne Ermittlung, um das Aufspüren und Kombinieren der Fakten. In den Gesprächen mit Mauser tritt immer wieder seine religiöse Grundüberzeugung zu Tage, die Einsicht in die Dunkelheit einer Welt, in der sich der Mensch stets neu in das Böse verstrickt. Das Verbrechen ist für ihn ein in der menschlichen Existenz unausweichliches Desaster, welches das Gericht, aber auch die göttliche Gnade herausfordert. Die Kriminaluntersuchung dient ihm als ein Mittel, das Böse aufzudecken. Ziel der Ermittlungsarbeit ist für ihn die Aufklärung der verbrecherischen Tat und ihrer Täter, was nach fünfzig Jahren nur noch schwer erreichbar scheint.

Nach Kommissar Grevings religiöser Überzeugung ist das Schuldigwerden des Menschen unausweichlich und bedarf der göttlichen Erlösung.

Im kollektiven Gedächtnis der Buttenhausener und Hundersinger präsent, wenngleich weitgehend verdrängt, sind die zahlreichen Opfer des „Euthanasie-Programms“ in Grafeneck. Hinter den weiß gestrichenen Scheiben der grauen Busse bleiben die meisten von ihnen unkenntlich und anonym. Als Einzelschicksal herausgehoben wird **Therese Mauser**, genannt Mutz, die geistig behinderte Schwester von Hermann Mauser. Nach Grafeneck ver-

Mausers Schwester Therese steht für die zahlreichen Opfer des Euthanasie-Programms.

schleppt, erlitt sie mit 20 Jahren mit vielen anderen den Tod durch Vergasen. Öffentlich bekannt wurde davon nichts. Nur aufmerksame Beobachter ahnen das Grauen und versuchen am Ende – wie der alte Mauser – die Verbrecher zur Rechenschaft zu ziehen. Ein Opfer ist auch **Hermann Mausers Mutter**, die sich, als sie Mutz' Ermordung ahnte, im Keller erhängte. Die Welt war aus den Fugen und verkehrte das menschliche Miteinander in lebensverachtende Vernichtung: Dies realisiert Hermann Mauser nach der ersten Begegnung mit Dr. Hochstetter.

Dr. Hochstetter leugnet seine Schuld und Verantwortung.

Dr. Hochstetter, der ehemalige Leiter des Zwiefaltener Landeskrankenhauses, ist einer der wenigen bis ins hohe Alter überlebenden Täter. Er führte seine geistig und körperlich behinderten Patienten Grafeneck zu, wo sie getötet wurden. Nach 1945 gelang es Hochstetter, sich der Verurteilung wegen der Vernichtung „unwerten" Lebens zu entziehen. Später leitete er die neu eingerichtete psychiatrische Klinik in Grafeneck. Bei der Konfrontation mit Mauser zeigt er keinerlei Schuldbewusstsein und weist jegliche Verantwortung für das, was im Namen des menschenverachtenden NS-Regimes geschehen ist, von sich. Recht und Unrecht sind für ihn relative Begriffe und nicht eindeutig voneinander abtrennbar. Hochstetters Verhalten steht für die eklatante Missachtung der Menschenrechte in der NS-Zeit ebenso wie für die mangelnde richterliche Konsequenz bei der Strafverfolgung von Nazi-Verbrechern. Ganz spurlos ist allerdings die Zeit vor 1945 nicht an ihm vorübergegangen: Während seines Gesprächs mit Mauser leidet er unter Herzbeschwerden, ein Anzeichen dafür, dass die Erinnerungen ihn erregen und bedrücken. Dieser Rückblick auf seine verbrecherische Vergangenheit bleibt tief in seinem Inneren verschlossen, er ist nicht bereit, Mauser daran teilhaben zu lassen, auch nicht an jener Szene, wo Mausers Vater und seine Komplizen ihn zur Erschießung Schumachers zwangen.

Dr. Schumacher, der Leiter von Grafeneck, kommt nicht zu Wort, greifbar wird jedoch seine Angst vor Entdeckung bei Kriegsende, wobei sein Fluchtversuch bekanntermaßen vereitelt wurde. Seine Schuld an der Vernichtung der Menschen in Grafeneck steht außer Frage. Der Haupttäter Dr. Schumacher tritt persönlich nur in der Endphase des Geschehens auf, ohne die Chance zur Erklärung und Rechtfertigung seines menschenverachtenden Handelns. Hochstetter wurde von den Dreien in die Rolle des Täters gezwungen und erschoss ihn: Der Mittäter löschte den Haupttäter aus und musste fortan im Bewusstsein einer unsühnbaren Mordschuld leben. Beide, Hochstetter wie Schumann, gewinnen nur im Hinblick auf ihre Täterrolle Gestalt und werden nicht mit unverwechselbaren Charakterzügen ausgestattet. Diese Typisierung steht im Dienste eines betont konzentrierten Erzählens. Der Überlebende Dr. Hochstetter stirbt einen späten Tod in der Romangegenwart: Auf der Intensivstation versagt sein Herz unter dem Druck der unbewältigten Vergangenheit.

Dr. Schumacher wird als Hauptschuldiger gerichtet.

Der Dorfpolizist **Mauser senior** versuchte damals die polizeiliche Ordnungsfunktion aufrechtzuerhalten, nachdem die Herrschaft des NS-Regimes längst pervertiert war. Seine persönliche Übernahme des Richteramts über die Nazi-Verbrecher ist die Folge aus der kollektiven Rechtlosigkeit und Reaktion auf die Missachtung der Menschenrechte.

Mauser sen. ist eine tragische Figur, die sich vorbildhaft für die Juden einsetzte, durch seine Selbstjustiz aber auch moralisch fragwürdig handelte.

Mit unbestechlichem Blick verfolgte er das Geschehen in Grafeneck, ohnmächtig und mit zunehmendem Zorn, zumal seine eigene behinderte Tochter unter den Opfern war. Seine Tragik besteht darin, dass er sich als Vertreter der polizeilichen Ordnung nicht länger auf die staatliche Vollmacht stützen konnte. Sein eigenmächtiges Handeln setzte an Stelle von Schutz durch Gesetzesbefolgung die individuelle Selbstjustiz, was die chaotisch-anarchischen Zustände noch verstärkte. Hermann Mausers Vater ist somit eine tragische wie auch zwielichtige Figur, die dem Sohn bis in die Gegenwart hinein Probleme bereitet und dessen Verhalten einerseits vorbildhaft ist, andererseits moralisch fragwürdig bleibt.

Zeitzeugen für die Euthanasie-Verbrechen gibt es in der Romangegenwart nur wenige. Die meisten neigen dazu, das Grauen zu verdrängen, im Bewusstsein, mitschuldig geworden zu sein. Der inzwischen über siebzigjährige Landwirt **Eugen Mattes**, der seinerzeit einen der berüchtigten grauen Busse steuerte, weist, von Mauser herausgefordert, jede Schuld von sich. In einem späteren Gespräch mit Kommissar Greving zeigt er jedoch seine Reue. Mattes ist einer der typischen Mitläufer, die wider besseres Wissen die Verbrechen gegen die Menschlichkeit mitgetragen haben. Wie vielen anderen geht es auch ihm vor allem darum, ungeschoren davonzukommen, deswegen wird die dunkle Vergangenheit verschwiegen und verdrängt.

Der Mitläufer Eugen Mattes hat seine dunkle Vergangenheit verschwiegen und verdrängt.

Kritischer verhält sich **Heinrich Waltz**. Er engagiert sich für Aufklärung der Mitbürger über das Schicksal der jüdischen Gemeinde in Buttenhausen. Die von ihm aufgestellten Holzlatten auf dem jüdischen Friedhof erinnern an die verschleppten und ermordeten jüdischen KZ-Opfer. Waltz ist es auch, der entscheidende Hinweise zur Identität des Toten und der Bedeutung des weißen Kreuzes auf seinem Rücken gibt. Schließlich weist er auf den noch lebenden Dr. Hochstetter hin und liefert damit eine wichtige Fahndungsspur. Dennoch offenbart er nicht alles, was er weiß. Obwohl er von Dr. Schumachers Hinrichtung weiß, glaubt er, die Zeit sei noch nicht reif, Mauser vorbehaltlos alles mitzuteilen. Als Folge dieser Informationslücke weiß nur der Leser als dritte detektivische Kraft mehr über den Tathergang. Mauser aber hat genug erfahren, um seinen Vater vom Verdacht der Nazikollaboration freizusprechen.

Heinrich Waltz engagiert sich gegen das Vergessen der Buttenhausener Juden.

Am Ende des Romans kehrt Hermann Mauser erleichtert zur Normalität zurück und nähert sich wieder seiner Freundin **Veronika Baader** an, die ihm durch das Stochern in der Vergangenheit entfremdet war. Ihr Haus wird ihm zum Ort des natürlichen, liebevollen Umgangs miteinander. Als fantasievolle Keramikkünstlerin und leidenschaftliche Hobbyköchin schätzt er Veronika als in sich ruhenden Gegenpol. Die konstruktive Atmosphäre in Veronikas Heim bildet damit das fundamentale Kontrastbild zur Destruktivität des „Euthanasie-Programms" in Grafeneck und der zynischen Lebensverachtung. Mauser kehrt, nachdem er einige Lücken in seiner Familiengeschichte schließen konnte, am Ende des Romans zurück in Veronikas Gegenwelt. Unter allen Figuren des Romans ist er der Einzige, der eine Entwicklung durchläuft, die ihn aus der persönlichen Irritation und Entfremdung hinausführt und ihn wieder teilhaben lässt an der aufbauenden Kraft des Lebens. Wirkliche Vergangenheitsbewältigung ist erst dort geleistet, wo der Einzelne seine Frustration überwindet und sich ihm wieder Perspektiven eröffnen für eine wahrhaft menschliche Zukunft. Das Gespenst aus der Höhle war eine Herausforderung, aber auch eine Chance, sich nach der Überwindung der geschichtlichen Verwicklung für eine erfüllte Gegenwart neu zu öffnen.

Nach dem Abschließen mit seiner Familiengeschichte kehrt Mauser wieder in Veronikas Welt zurück.

4.4 Sachliche und sprachliche Erläuterungen

S. 10	**Weißjura**	(geolog.) Kalkgestein aus der Jurazeit
	Delta	der vierte Buchstabe des griech. Alphabets
	Zeta	der sechste Buchstabe des griech. Alphabets
	Tropfstein	(geolog.) Kalksteinnadeln in Höhlen, die durch Tropfwasser entstehen
S. 11	**Sinter**	(geolog.) mineralische Ablagerung
S. 12	**Stalaktiten**	(geolog.) hängender Tropfstein, der nach unten wächst (die nach oben wachsenden Tropfsteine heißen Stalagmiten)
	Schluf	(geolog.) auch Schluff, Sedimentgestein als Ablagerung oder auch Schicht
S. 13	**Spiritist**	Geister-, Totenbeschwörer
S. 14	**mumifizieren**	im alten Ägypten entwickelte Technik zur Konservierung des Leichnams, um Weiterleben nach dem Tode sicherzustellen. Die Mumifizierung kann unter besonderen klimatischen Bedingungen auch auf natürliche Weise erfolgen.
S. 15	**Pharaonengruft**	Grablege der altägyptischen Könige (Pharaonen)
S. 17	**Passletemps**	(frz.) Zeitvertreib
S. 20	**Umbragrund**	Farbgrundierung in einem erdfarbenen Braun
S. 21	**Katasteramt**	Liegenschafts-/Vermessungsamt
	etymologisch	sprachgeschichtlich
S. 22	**SA-Sturmtruppführer**	Führer eines Sturmtrupps der paramilitärischen Organisation der Hitlerpartei NSDAP (Nationalsozialistische Deutsche Arbeiterpartei)
S. 30	**rezent**	(lat.) recens: soeben, kürzlich, frisch; (geolog.) aus der geologischen Gegenwart

S. 31	**Hermetik**	hier: luftdichter Verschluss
S. 32	**Spinnwirtel**	(archäolog.) Handspindel
	Fibelnadeln	(archäolog.) Gewandnadeln zum Zusammenstecken von Kleiderteilen
S. 37	**Büttel**	abwertend: Ordnungshüter, Befehlsausübender
S. 42	**Weißjuramergel**	(geolog.) Gestein aus einer Mischung von Tonmineralien
S. 50	**Höhlenkataster**	Verzeichnis über Lage und Beschaffenheit von Höhlen
S. 92	**Schutzbrief**	(histor.) Urkunde, die einer Bevölkerungsgruppe (in den vergangenen Jahrhunderten meistens den Juden) landesherrschaftlichen Schutz gewährte
S. 96	**räß**	(süddt.) scharf gewürzt
S. 111	**Speläologe**	Höhlenforscher
S. 173	**zutzeln**	(süddt.) genüsslich saugen
S. 186	**Spächele**	(schwäb.) Anfeuerungsholz

4.5 Stil und Sprache

Zumeist stellt ein auktorialer Erzähler den Handlungsverlauf ordnend und Authentizität vermittelnd dar.

Der Erzählstil ist im Wesentlichen auktorial. Der überschauende Erzähler greift immer wieder in die Erzählung ein und ordnet den Erzählablauf entscheidend. Von ihm erhalten die handelnden Personen ihre Rede- und Handlungseinsätze und tragen so zur Verwirklichung einer objektiven Erzählsituation bei. Ziel ist es, einen quasidokumentarischen Eindruck zu erwecken, um so dem Erzählten einen hohen Grad von Wahrscheinlichkeit zuzubilligen. Der auktoriale Erzähler präsentiert Authentisches, Zuverlässiges, das sich jedem Zweifel entzieht. Insofern stehen auch die fiktiven Partien im Dienste der geschichtlichen Wahrheitssuche.

Zahlreiche Dialoge rekurrieren auf objektive Tatsachen und historische Zusammenhänge.

Die Gedanken und Meinungen der Personen sind deutlich ausgewiesen durch rede- bzw. denkeinleitende Verben („denkt er", „überlegt er" u. ä.) Einen breiten Raum nehmen die Dialoge und Gespräche ein, welche sich oft auf objektive Tatsachen beziehen und so die historischen Zusammenhänge liefern. Personale Erzählpassagen vermitteln dem Leser, ergänzend zu den Fakten, das subjektive Empfinden der Figuren. Diese subjektive Darstellung nimmt gegen Ende, nachdem der Fall aufgeklärt ist, zu.

Der Tathergang erschließt sich dem Leser mittels eines inneren Monologs aus der Sicht Dr. Hochstetters.

Dramaturgisch bedeutsam ist Dr. Hochstetters innerer Monolog während des zweiten Besuchs von Mauser. Die quälenden Erinnerungen an den erzwungenen Mord an Dr. Schumacher werden dem Leser in der ersten Person Indikativ im inneren Monolog geschildert, wodurch dieser mehr weiß als die ermittelnden Protagonisten. Hochstetter bricht schließlich unter der Last der Vergangenheit zusammen. Was sich bedrängend in seinem Innern regt und nicht zum Schweigen zu bringen ist, entfaltet seine eigene selbstzerstörerische Kraft. Der innere Monolog ist hier Ausdruck eines explosiven Schuldbewusstseins. „Eine Farce, das Ganze. Eine obszöne Inszenierung. Ein zynisches Ritual, der Mauser hat es sich ausgedacht, und ich habe die Pistole genommen, immer noch mit der Mündung an meiner Schläfe genommen, den Griff gespürt, den Finger auf den Abzug gelegt." (183)

Auch Mauser wird bald darauf von Emotionen überwältigt: „Mauser hat plötzlich Tränen in den Augen. Der Alptraum ist vorüber. Er muss seinen Vater nicht mehr für einen Nazi und Behindertenmörder halten." (190) Im Bewusstsein spontaner Erleichterung wechselt die auktoriale in die personale Erzählrede, hier in die erlebte Rede.

Personale Passagen vermitteln Emotionen und subjektives Erleben der Protagonisten.

Während der eigentlichen Aufklärungsarbeit tritt das subjektive Erleben der Protagonisten zurück zugunsten einer quasidokumentarischen, objektiven Wiedergabe des Geschehens. Damit wird das Eingebundensein in geschichtliche Zusammenhänge verdeutlicht, woran sich der Einzelne abarbeitet. Nach der erfolgreichen Auseinandersetzung mit der Vergangenheit kehrt Mauser in sein eigenes Leben zurück. „Das Leben kommt wieder in Gang. Wo war ich denn die letzten Tage? Wenn er an seinen Vater denkt, ist da nur eine wohltuende Leere. Immer noch. Als hätte der sich endgültig verabschiedet, als wäre mit der die Geschichte um die Leiche auch die ganze damalige Zeit zu Ende gebracht." (209)

Die Vergangenheitsbewältigung ist eine Herausforderung, der sich der Einzelne stellen muss, um sich davon emanzipieren zu können. In der Verbindung zwischen Personenrede, erlebter Rede und innerem Monolog steht vor allem gegen Ende des Romans das fiktionale Einzelschicksal im Vordergrund. Letztlich geht es, das verdeutlicht der Stil des Romans, um die subjektive Selbstbehauptung des Protagonisten Mauser, um ein erfülltes Leben in der Gegenwart, nachdem die Bedrängnis durch die Vergangenheit überwunden ist. Die Krimihandlung mit seiner Fallaufklärung und differenzierten Ermittlungsarbeit gewinnt durch diese für den Entwicklungsroman typischen Elemente an Komplexität.

Gegen Ende des Romans steht das fiktionale Einzelschicksal im Vordergrund.

Die Krimihandlung gewinnt durch Elemente des Entwicklungsromans an Komplexität.

Der Sprachstil ist lakonisch und überwiegend parataktisch, oft fehlen die Prädikate. Es gibt keine expliziten Wertungen, sie werden dem Leser überlassen.

Erzählt wird lakonisch und konzentriert zugleich, überwiegend parataktisch, nebenordnend, aber doch so, dass aus den einzelnen Eindrücken ein Gesamtbild entsteht. Plastisch geschildert wird die Beschreibung des Leichenfunds. „Aber deutlich liegt dort, im Lampenlicht, ein Mensch. Er liegt ausgestreckt, die Arme ordentlich an den Körper gelegt. Er schläft." (13) Die Beschreibung folgt dem Nacheinander der Wahrnehmung, so dass der Leser mit den Augen der jeweils wahrnehmenden Figur Schritt für Schritt herangeführt wird an das objektiv Gegebene. Dabei tritt die Reflexion zurück hinter die exakt beobachteten sinnlichen Details. Der konsequente Realitätsaufbau verwandelt das bloß Fiktive ins Authentische und lässt das Erfundene Wirklichkeit werden.

Eindrückliche Bilder entstehen auch von den Opfern, die man nach Grafeneck verschleppt. „Die grau gestrichenen Busse. Weiß vermalte Fenster. Dahinter sind sie gesessen, im Sonntagsstaat, Kreidekreuze auf dem Rücken, wussten nicht, was vorging mit ihnen, wussten nicht, wohin sie gebracht wurden. Experimente haben sie mit ihnen gemacht, dann getötet, vielleicht mit Giftgas, dann verbrannt in den Ofenbaracken neben dem Herrenhaus." (141)

Wieder erfolgt die Schilderung von außen, von dem, was sich den Blicken des Beobachters darbietet, um dann auf das mutmaßliche Schicksal der Opfer einzugehen. Im Satzbau verliert das Prädikat an Bedeutung und wird mitunter ganz ausgespart. Diese von Nomen dominierte, lakonische Darstellung beschwört noch einmal die NS-Verbrechen gegen die Menschlichkeit. Dabei werden explizite Wertungen weitgehend vermieden, so dass der Leser zu einem eigenen Urteil aufgefordert wird.

Zumeist konzentriert sich der Erzähler auf die sachliche Wiedergabe der Realität und überlieferter Tatsachen. Symbolische Verweise werden sparsam eingesetzt und schaffen zentrale

Bezüge. Auffällig ist zunächst die Bedeutung der Höhle mit der Totenkammer. Die Höhle ist der Ort, wo man Vergangenes abgelegt hat. Sie steht für das Unterdrückte und Verdrängte, für das, was daran gehindert werden soll, wieder ins Bewusstsein zu treten. Gemeint ist die im Grunde unbewältigte und unbegreifliche Verachtung menschlichen Lebens während des Dritten Reichs. Die Erinnerung an diese Phase gilt es abzuwehren und ihr den Einfluss auf das Gegenwartsbewusstsein abzuschneiden.

Die Höhle symbolisiert das Unterdrückte und Verdrängte.

Der Leichenfund in der Höhle jedoch wühlt das Vergangene auf und fordert eine Auseinandersetzung damit heraus. Mit der nach oben geschafften Leiche tritt das Unbewältigte und Ungeklärte ans Licht und führt zu einer nachhaltigen Irritation. Aus den Abgründen der Geschichte tritt das zutiefst Beunruhigende und Angstauslösende hervor. Was für alle Zeiten abgestorben erschien, entfaltet plötzlich wieder ein gespenstisches Eigenleben, zumindest solange der Fall nicht geklärt ist. Dabei geht es im Sinne von Platons Höhlengleichnis, auf das ein dem Roman vorangestelltes Zitat verweist, um eine Überwindung und Durchleuchtung der Höhlenschattenbilder, welche die gestörte Erkenntnissituation symbolisieren.

Wie in Platons Höhlengleichnis bleibt uns im Dunkel der Geschichte ungetrübte Erkenntnis versperrt.

Die Haupthandlung des Romans spielt zur Osterzeit, in der die Auferstehung Christi gefeiert wird. Auferstanden aus den Wirren der Vergangenheit zu einer neuen erlösten Gegenwart ist am Ende des Romans auch Hermann Mauser. Der die Handlung auslösende Todesfall gibt nach der Fallaufklärung wieder Raum für ein bejahtes, die Entfremdungen überwindendes Leben. Die Herausforderungen der Vergangenheit annehmend, wird der Protagonist reif für eine erfüllte Gegenwart. Ostern ist mit Blick auf den auferstandenen Erlöser die Zeit des befreiten Menschen. „Das ist die Befreiung“, sagt Greving zum Schluss. „Und weil er lebt, reicht unser Leben jetzt in die Ewigkeit hinaus. Wir können nicht mehr in die Irre gehen. Wir verfehlen das Ziel nicht mehr.“ (219)

Ostern symbolisiert im Roman den von der Vergangenheit befreiten Menschen.

5. REZEPTIONSGESCHICHTE

Rainer Gross' erster Kriminalroman *Grafeneck* erhielt 2008 den Friedrich-Glauser-Preis für deutschsprachige Kriminalliteratur.

Auf das Buch hat die Presse in der Regel sehr positiv reagiert, nicht zuletzt auch immer wieder darauf verwiesen, dass die Handlung ein Thema aus der nationalsozialistischen Vergangenheit unseres Landes aufgreift und es so der Scham und dem Vergessen entreißt. Nachfolgend werden einige Pressestimmen wiedergegeben.

> „Rainer Gross ist ein Krimi gelungen, der Fragen von Recht und Gerechtigkeit, von Schuld und Sühne mit einer Handlung verbindet, die auf ganz eigene Weise das Thema Vergangenheitsbewältigung aufgreift; in einer schlichten, treffsicheren Sprache, die ihre eigene mitreißende Atmosphäre schafft."
>
> *Redaktion Buchprofile*

> „Der poetische, sehr dicht erzählte Krimi um Schuld und Unschuld, Rache und Erbarmen liest sich mit spannender Beklemmung und ist weit mehr als ein Heimatroman."
>
> *ekz-Informationsdienst*

> „Mit *Grafeneck* hat Rainer Gross einen melancholischen Heimatroman geschrieben, einen ungewöhnlichen, leisen und hoch spannenden Kriminalroman."
>
> *SWR*

> „Rainer Gross ist mit seinem Erstling ein kleiner, aber feiner Roman gelungen. Vor allem deshalb, weil er es schafft, die zentralen Themen der Geschichte durch Gegensätze zu betonen. Dem Idyll der Schwäbischen Alb stehen die Gräuel in Grafeneck

gegenüber, dem dörflichen Flair, die große Frage nach dem richtigen Umgang mit der deutschen Vergangenheit und Mausers intime Auseinandersetzung mit der Schuld des Vaters, die anonymen Hightech Ermittlungsmethoden des Teams von Kommissar Greving.

Klingt, als ob sich Gross da ein wenig zu viel vorgenommen hat, für seinen nicht einmal 200 Seiten umfassenden Krimi. Doch mit seinem ruhigen, fast beschaulichen Erzählstil, spinnt er gekonnt die Geschichte um den im Mittelpunkt stehenden Mauser. Freilich, ein richtiger Krimi ist es trotz Mordfall eigentlich trotzdem nicht. Doch auch das, was übrig bleibt, ist höchst lesenswert und man darf gespannt sein, was Gross in Zukunft noch folgen lässt."

Thorsten Sauer, Rezension zu Rainer Gross' Grafeneck,
in: krimi-couch.de vom August 2007

„Ein hervorragender Kriminalroman ist das Ergebnis, der belegt, wie lebendig das Gestern im Heute sein kann, wenn man seinen ach so biederen Nachbarn nur aus der richtigen Perspektive betrachtet ..."

Deutsche Welle

„Gross verknüpft in *Grafeneck* Motive wie Wahrheit, Aufrichtigkeit, Schuld und Erbarmen und legt einen Heimatroman im besten Sinne vor, der sein Thema vielschichtig aufbereitet."

Stuttgarter Nachrichten

„Viele vergessen (oder besser gesagt verdrängen) sie gerne. Aber es gibt sie doch: die Nazi-Vergangenheit Württembergs. Ein außergewöhnlicher Krimi erinnert daran: *Grafeneck*."

Nürtinger Echo

„So lakonisch knapp und dennoch präzise, dicht verarbeitet kommt Gross' Prosa daher und lässt doch genügend Platz für eigene Bilder. Ein Musterbeispiel von gelungenem perspektivischen Erzählen."

Watching the detectives

„Es ist faszinierend, wie der Autor uns in den Sog dieser Erfahrung hineinzieht. Wunderschöne Landschaftsbeschreibungen, stimmige Menschenportraits wechseln sich ab mit der Beschreibung tiefer menschlicher Melancholie."

Ulrich Klinger, Vergangenheit ist nie vorbei,
in: Neue Rheinische Zeitung vom 18.04.2007

„Rainer Gross hat einen so melancholischen wie moralischen Krimi geschrieben, der vor allem durch seine atmosphärische Dichte, die in eine Art Psychogramm dörflicher Mentalität mündet, besticht. Ein sehr empfehlenswerter Roman über deutsche Befindlichkeit."

Hamburger Abendblatt

Unter dem Titel „Vergangenheit ist nie vorbei" wurde auf 3sat im April 2007 *Grafeneck* von Rainer Gross ebenfalls vorgestellt.

„Der gebürtige Reutlinger Rainer Gross hat mit diesem Buch ein sehr ungewöhnliches Debüt vorgelegt. Einen Krimi mit Tiefgang insofern, als die melancholische Vergangenheitsaufarbeitung hier in die Zeitgeschichtsforschung hineinreicht und, in den Gesprächen der beiden Hauptermittler, immer wieder lebensphilosophische Fragestellungen berührt. Echt altwürttembergisch, grundiert *Grafeneck* ein grüblerisch-theologischer Zug.

Doch das eigentlich Bemerkenswerte ist der Ton. In manchem an den großen schwäbischen Erzähler Hermann Lenz erinnernd, schreibt Rainer Gross eine ungemein suggestive Prosa, die mit Effekten geizt und sich in ihrer leicht verschatteten Geradlinigkeit doch nur umso hartnäckiger und konzentrierter in den Stollen der erzählten Geschichte hineinbohrt. Auch Grossens' Held, sein Hermann Mauser, ist eine Figur, wie sie der aus Hohenlohe stammende Lenz hätte erfinden können.

Der Satz zum Beispiel, mit dem Mauser sich erklärt, was ihn immer wieder unter Tage zieht, erinnert an das programmatische „Nebendraußen" des älteren Kollegen: „Die Zeit steht still hier drin. Vielleicht bin ich deshalb so gern hier." Und auch den Mitmenschen begegnet Mauser mit echt Lenz'scher Reserve: „Bei dem weiß doch keiner, was in ihm vorgeht", denkt er über Kommissar Greving. „Immer freundlich, immer leutselig. Aber was der vorhat, das merkt man erst hinterher." Da ist Mauser anders. Er ist kein Mann der Winkelzüge. Und diese etwas erdenschwere Direktheit prägt auch die Atmosphäre dieses „Heimatkrimis", der auf den ersten Blick so gar nichts hermacht und im Laufe der Handlung immer vielschichtiger wird.

[...] Dies Buch berührt. Man möchte mehr von Rainer Gross."

Tilmann Krause, Die Leiche im Lehm, in: Die Welt vom 28.05.2007

Am 16. März 2010 wurde von Sibylle Haseke für WDR 4 *Grafeneck* vorgestellt: „Ein Heimatkrimi über Verbrechen, die niemals verjähren. Von melancholischer Stimmung, einfühlsam geschrieben und überaus lesenswert."

„[Der Roman zeugt] von einer gewissen Schwere und Erdgebundenheit vor allem, die er [Gross] aber bewusst sucht.

Diese Erdgebundenheit nennt sich ja gerne Regionalkrimi, nur dass Gross vorführt, wie man aus der Fokussierung aufs Lokale etwas ganz anderes als provinzielle Literatur gewinnt. Der Ort Grafeneck, der den Titel gibt, existiert, auf der Schwäbischen Alb. Der Name ist mit einer Anstalt verbunden, in der im Dritten Reich Behinderte als sogenanntes unwertes Leben versammelt und ermordet wurden. Dieses historische Faktum ist der Hintergrund des Romans. [...] Die Höhle, aus der nun die Vergangenheit wieder ans Tageslicht gerät, ist also eine allegorische Höhle, ihre Finsternis eine metaphorische Dunkelheit, die vor allem den Wunsch des Verdrängens und Vergessens bezeichnet. [...] Ein Ermittler taucht auf, mit dem Mauser sich bestens versteht, beide sind theologischen Fragen nicht abgeneigte Tiefgründler. Aber man liest die Tiefgründeleien, die mit Schuld und Erbarmen zu tun haben, nicht ungern, da Rainer Gross überhaupt nicht zum Feierlichen neigt, sonder auch auf diesem Gebiet zu einer eher knappen Erdverbundenheit. Es weht einen, wenn nicht alles täuscht, so ein Georg-Büchner-Ton an aus dem Buch, aber auch dagegen ist wenig zu sagen. Weder plump noch schrill ist dieser Roman. Er will etwas wissen und hat was zu sagen und ist von den Fragen, die seine Figuren sich stellen, selbst ganz durchdrungen. Gewiss, Gross hat ein Thema, aber er benutzt die kriminalliterarischen Elemente nicht nur als Vehikel. Das Analytische der Kriminalliteratur ist der historischen Nachforschung denkbar angemessen. Und die Figuren sind interessant, und zwar einigermaßen abseits der üblichen Versatzstücke, weil sie aus demselben Stoff wie das Buch selbst sind und sein so überzeugend schwergängiges Grübeln und Denken."

Ekkehard Knörer, Show, don't tell. Die Krimikolumne,
in: perlentaucher.de vom 27.06.2007

6. MATERIALIEN

Alle Materialien wurden der als Loseblattsammlung konzipierten Handreichung über die Gedenkstätte Grafeneck entnommen.

M 1

„Wenn wir die Zahl der in Deutschland zurzeit gleichzeitig vorhandenen, in Anstaltspflege befindlichen Idioten zusammenrechnen, so kommen wir schätzungsweise etwa auf eine Gesamtzahl von 20–30.000. Nehmen wir für den Einzelfall eine durchschnittliche Lebensdauer von 50 Jahren an, so ist leicht zu ermessen, welches ungeheure Kapital in Form von Nahrungsmitteln, Kleidung und Heizung dem Nationalvermögen für einen unproduktiven Zweck entzogen wird. Dabei ist hiermit noch keineswegs die wirkliche Belastung ausgedrückt.

Die Anstalten, die der Idiotenpflege dienen, werden anderen Zwecken entzogen; soweit es sich um Privatanstalten handelt, muss die Verzinsung berechnet werden; ein Pflegepersonal von vielen tausend Köpfen wird für diese gänzlich unfruchtbare Aufgabe festgelegt und fördernder Arbeit entzogen; es ist eine peinliche Vorstellung, dass ganze Generationen von Pflegern neben diesen leeren Menschenhülsen dahinaltern, von denen nicht wenige 70 Jahre und noch älter werden.

Die Frage, ob der für diese Kategorie von Ballastexistenzen notwendige Aufwand nach allen Richtungen hin gerechtfertigt sei, war in den verflossenen Zeiten des Wohlstands nicht dringend; jetzt ist es anders geworden und wir müssen uns ernstlich mit ihr beschäftigen. Unsere Lage ist wie die der Teilnehmer an einer schwierigen Expedition, bei welcher die größtmögliche Leistungsfähigkeit aller die unerlässliche Voraussetzung für das Gelingen der Unternehmung bedeutet, und bei der kein Platz ist für

halbe, Viertels- und Achtelskräfte. Unsere deutsche Aufgabe wird für lange Zeit sein: eine bis zum höchsten gesteigerte Zusammenfassung aller Möglichkeiten, ein Freimachen jeder verfügbaren Leistungsfähigkeit für fördernde Zwecke. Der Erfüllung dieser Aufgabe steht das moderne Bestreben entgegen, möglichst auch die Schwächlinge aller Sorten zu erhalten, allen, auch den zwar geistig Toten, aber doch ihrer Organisation nach minderwertigen Elementen, Pflege und Schutz angedeihen zu lassen – Bemühungen, die dadurch ihre besondere Tragweite erhalten, dass es bisher nicht möglich gewesen, auch nicht im Ernste versucht worden ist, diese Defektmenschen von der Fortpflanzung auszuschließen."
Karl Binding/Alfred Hoche, Die Freigabe der Vernichtung lebensunwerten Lebens. Ihr Maß und ihre Form. 2. Auflage, Leipzig 1922, S. 54 ff.

M 2

„Gesetz zur Verhütung erbkranken Nachwuchses vom 14. Juli 1933 (RGB I.I, S. 529)

§ 1

(1) Wer erbkrank ist, kann durch chirurgischen Eingriff unfruchtbar gemacht (sterilisiert) werden, wenn nach den Erfahrungen der ärztlichen Wissenschaft mit großer Wahrscheinlichkeit zu erwarten ist, dass seine Nachkommen an schweren körperlichen oder geistigen Erbschäden leiden werden.

(2) Erbkrank im Sinne dieses Gesetzes ist, wer an einer der folgenden Krankheiten leidet:

1. angeborenem Schwachsinn,
2. Schizophrenie,
3. zirkulärem (manisch-depressivem) Irresein,
4. erblicher Fallsucht,

5. erblichem Veitstanz (Huntingtonsche Chorea),
6. erblicher Blindheit,
7. erblicher Taubheit,
8. schwerer erblicher körperlicher Missbildung.

(3) Ferner kann unfruchtbar gemacht werden, wer an schwerem Alkoholismus leidet.

§ 2

(1) Antragsberechtigt ist derjenige, der unfruchtbar gemacht werden soll. Ist dieser geschäftsunfähig oder wegen Geistesschwäche entmündigt oder hat das 18. Lebensjahr noch nicht vollendet, so ist der gesetzliche Vertreter antragsberechtigt; er bedarf dazu der Genehmigung des Vormundschaftsgerichts. In den übrigen Fällen beschränkter Geschäftsfähigkeit bedarf der Antrag der Zustimmung des gesetzlichen Vertreters. Hat ein Volljähriger einen Pfleger für seine Person erhalten, so ist dessen Zustimmung erforderlich.

(2) Dem Antrag ist eine Bescheinigung eines für das deutsche Reich approbierten Arztes beizufügen, dass der Unfruchbarzumachende über das Wesen und die Folgen der Unfruchtbarmachung aufgeklärt worden ist.

(3) Der Antrag kann zurückgenommen werden.

§ 3

Die Unfruchtbarmachung können auch beantragen

1. der beamtete Arzt,
2. für die Insassen einer Kranken-, Heil- oder Pflegeanstalt oder einer Strafanstalt der Anstaltsleiter."

M3

„Die Omnibusse wurden äußerlich zunächst nicht mit einem Tarnanstrich versehen. Sie wurden vielmehr mit dem roten Außenanstrich und der RP-Nummer benutzt; erst etwa nach der Hälfte der Aktion wurden sie – ebenso wie die Reichspostomnibusse – mit dem grauen Tarnanstrich (Luftschutz) versehen. Es hätte ja gar nicht in unserem Sinne gelegen, diese Omnibusse für ihre Wahrnehmung in der Öffentlichkeit besonders kenntlich zu machen und herauszustellen."

Aussage Richard von Hegeners am 23.6.1961 im Verfahren der Generalstaatsanwaltschaft Frankfurt gegen Professor Werner Heyde (Ks 2/63, 50, zit. nach: Ernst Klee, Euthanasie im NS-Staat, Frankfurt 1983, S.24, Anm. 50

M4

„Die gesamte Dauer des Tötungsvorgangs nach Schließung der Türen des Vergasungsraumes und Öffnung des CO-Ventils betrug etwa 20 Minuten, wie ich mich heute zu erinnern glaube. Dann wurde zunächst der Ventilator angelassen und das Gas abgesaugt unter gleichzeitiger Zufuhr von Außenluft. Bis zum Öffnen der Türen verging noch eine halbe bis dreiviertel Stunde. Die Dauer der Gaszufuhr war allein abhängig von der beobachteten Wirkung. Der Zufluss des Gases wurde abgestellt, sobald der beobachtende Arzt keine Bewegung mehr in dem Vergasungsraum feststellte. Ich habe nach Öffnen der Türen des Vergasungsraumes routinemäßig keine Kontrolluntersuchungen zu genauen Feststellung des Todes vorgenommen. Das war weder üblich noch notwendig, da die Einwirkung des Gases bei einer Gesamtdauer von 20 Minuten unbedingt tödlich sein musste."

Aussage eines Euthanasie-Arztes am 4. 9, 1961(Js15/61 GStA Frankfurt), zit. nach: Ernst Klee, Euthanasie im NS-Staat, Frankfurt 1983, S.148, Anm. 43

M5

„War die Entlüftung durchgeführt, mussten wir Heizer, wir hatten immer zwei und zwei Dienst, die Leichen von der Gaskammer wegschaffen und in den Totenraum bringen [...]

Das Wegbringen der Toten vom Gasraum in den Totenraum war eine sehr schwierige und nervenzermürbende Arbeit. Es war nicht leicht, die ineinander verkrampften Leichen auseinanderzubringen und in den Totenraum zu schleifen ...

Neben dem Totenraum befand sich die Heizanlage. Die Heizanlage war mit einer sogenannten Pfanne, die aus dem Ofen herausgenommen werden konnte, ausgestattet. Auf diese Pfanne wurden die Toten gelegt und so wie bei einem Backofen in die Heizanlage geschoben und dort abgelegt. [...]. Der Ofen wurde mit Koks beheizt. Die Arbeit wurde, je nach Bedarf, Tag und Nacht fortgeführt.

Bevor die Toten verbrannt wurden, sind von den Heizern den mit einem Kreuz bezeichneten Verstorbenen die Goldzähne gezogen worden. Die wurden der Verwaltung abgeliefert. [...] Nachdem die Leichen verbrannt waren, wurden die Knochenreste, die durch den Rost des Ofens gefallen waren, in eine Knochenmühle gegeben und das so gewonnene Knochenmehl wurde an die trauernden Hinterbliebenen als sterbliche Überreste versandt. Für jeden Toten waren etwa drei Kilogramm solchen Mehls berechnet. Da die Arbeit sehr anstrengend war und wie schon gesagt nervenzermürbend, bekamen wir pro Tag einen viertel Liter Schnaps."

Aussage Vinzenz Nobel am 4.9.1945 bei der Kriminalpolizei Linz (Vg 10 Vr 2407/46 LG Linz), zit. nach: Ernst Klee, Euthanasie im NS-Staat, Frankfurt 1983, S. 150, Anm. 50

M6

„Ihr Bruder hatte ihr aus einer Anstalt geschrieben, dass er wegkomme mit unbekanntem Ziel. Diesen Brief habe ich gelesen, er war sehr klar gehalten. Dieses Fräulein hatte dann erfahren, dass ihr Bruder in Grafeneck sei und war gekommen, ihn zu besuchen. Trotz mehrmaliger Versuche, nach Grafeneck zu gelangen, wurde sie abgewiesen. Ich telefonierte dann für sie nach Grafeneck und dann wurde ihr am Polizeihäuschen am selben Tag ein Schreiben ausgehändigt, dass ihr Bruder an Blinddarmentzündung gestorben sei. Sie erlitt einen Nervenzusammenbruch. Denn der Blinddarm ihres Bruders war schon entfernt worden, als er 12 Jahre alt war."
Aussage der Pächterin Eisenhardt der Gestütswirtschaft Marbach am 29. 9. 1947 im Tübinger Grafeneck-Prozess, in: Klee, Euthanasie im NS-Staat, Frankfurt 1983, S. 158, Anm. 64

M7

„Umso entsetzter waren wir, als wir kurz darauf von der Anstalt Winnental die Nachricht erhielten, dass unsere Schwester verlagert worden sei. Daraufhin unternahmen wir energische Schritte bei der Anstaltsdirektion, die uns nichts anderes sagen konnte, als dass die Kranken angeblich nach Hartheim-Niederdonau [...] laut Erlass des Reichsverteidigungskommissars verlegt worden seien, und wir müssten warten, bis wir Nachricht erhielten.

Nun depeschierten wir sogleich nach Hartheim, dass wir sofort dahin abreisen würden. Inzwischen kam aber schon die Depesche aus Hartheim, dass die Kranke an Lungenentzündung verschieden sei, die Urne sei unterwegs. Wie uns aber eine Anstaltsschwester von Winnental erklärte, wurden die Kranken gar nicht verlegt, sondern wurden haufenweise in Omnibussen vollgepfropft, betäubt und in Grafeneck a. d. Schwäbischen Alb in großen Öfen verbrannt.

Ich selbst habe mich von dem Schloss persönlich überzeugt und habe versucht, den dortigen Arzt zu sprechen, welcher sich jedoch nicht sehen ließ. Dafür aber wurde ich von der Gendarmerie, mit Hunden bewacht, empfangen, die mir rieten, sogleich vom Tor wegzugehen, andernfalls laufe ich Gefahr, dort bleiben zu müssen."

Bericht vom 16.7.1945 in Mappe „Chef der deutschen Polizei Stuttgart, Akten 1945/46" aus: Tübinger Grafeneck-Prozess (Ks/49StA Tübingen), zit. nach: Ernst Klee, Euthanasie im NS-Staat, Frankfurt/M. 1983, S. 158, Anm. 65

M 8

„Landespflegeanstalt
Grafeneck/Württbg.
414-50-147 A

Grafeneck, den 1. März 1940
bei Münsingen

Frau
Christine Strohm
Schwenningen a. N.
Sängerstr. 53

Sehr geehrte Frau Strohm!

Zu unserem Bedauern müssen wir Ihnen mitteilen, dass Ihr Sohn, Herr Karl Strohm, der inzwischen in unsere Anstalt verlegt werden musste, am 28. Februar 1940 infolge einer Miliartuberkulose der Lunge unerwartet verstorben ist. Alle unsere ärztlichen Bemühungen waren leider vergebens. Er ist sanft und schmerzlos entschlafen. Bei seiner schweren, unheilbaren Erkrankung bedeutet sein Tod Erlösung für ihn.

Infolge der hier bestehenden Seuchengefahr mussten wir auf polizeiliche Anweisung hin die Leiche des Entschlafenen einäschern lassen. Wir bitten Sie um baldige Mitteilung, ob Sie die Urne mit den sterblichen Überresten beisetzen lassen wollen. In diesem Falle bitten wir Sie um Benennung des Friedhofs mit genauer Postanschrift, damit wir die Übermittlung der Urne an die Friedhofsverwaltung veranlassen können.

Wenn Sie hinsichtlich der Beisetzung keine besonderen Wünsche haben oder uns innerhalb eines Monats keine Nachricht zugehen lassen, so werden wir die Beisetzung der Urne gebührenfrei vornehmen lassen.

Die Habseligkeiten des Verstorbenen mussten wir aus seuchenpolizeilichen Gründen vernichten lassen.

Zwei Sterbeurkunden, die Sie bitte für eine etwaige Vorlegung bei Behörden sorgfältig aufbewahren wollen, fügen wir bei.

Heil Hitler!

Dr. Jäger“

M9

Predigt des Bischofs Clemens August von Galen, gehalten in der Lamberti-Kirche zu Münster am 3. August 1941

„Ich hatte bereits am 26. Juli bei der Provinzverwaltung der Provinz Westfalen, der die Anstalten unterstehen, der die Kranken zur Pflege und Heilung anvertraut sind, schriftlich ernstesten Einspruch erhoben. Es hat nichts genutzt. Und aus der Heil- und Pflegeanstalt Warstein sind, wie ich höre, bereits 800 Personen abtransportiert. So müssen wir damit rechnen, dass die armen wehrlosen Kranken über kurz oder lang umgebracht werden. Warum? Nicht weil sie ein todeswürdiges Verbrechen begangen haben, nicht etwa, weil sie ihren Wärter oder Pfleger angegriffen haben, so dass diesem nichts anderes übrig blieb, als dass er zur Erhaltung des eigenen Lebens in gerechter Notwehr dem Angreifer mit Gewalt entgegentrat. Das sind Fälle, in denen, neben der Tötung des bewaffneten Landesfeindes im gerechten Krieg, Gewaltanwendung bis zur Tötung erlaubt und nicht selten geboten ist. Nein, nicht aus solchen Gründen müssen jene unglücklichen Kranken sterben, sondern darum, weil sie nach dem Urteil irgendeines Amtes, nach dem Gutachten irgendeiner Kommission „lebensunwert" geworden sind, weil sie nach diesem Gutachten zu den „unproduktiven „Volksgenossen" gehören. Man urteilt: sie können nicht mehr Güter produzieren, sie sind wie eine alte Maschine, die nicht mehr läuft, sie sind wie ein altes Pferd, das unheilbar lahm geworden ist, sie sind wie eine Kuh, die nicht mehr Milch gibt. Was tut man mit solch alter Maschine? Sie wird verschrottet. Was tut man mit einem lahmen Pferd, mit solch einem unproduktiven Stück Vieh? Nein, ich will den Vergleich nicht bis zum Ende führen –, so furchtbar seine Berechtigung ist und seine Leuchtkraft. Es handelt sich hier ja nicht um Maschinen, es handelt sich hier ja nicht um Pferd und Kuh, deren einzige Bestimmung ist, dem Menschen zu dienen, für den Menschen Güter zu produzieren. Man mag sie zerschlagen, man mag sie schlachten, sobald sie diese Bestimmung nicht mehr erfüllen. Nein, hier handelt es sich um Menschen, unsere Mitmenschen, unsere Brüder und Schwestern. Arme Menschen, kranke Menschen, unproduktive Menschen meinetwegen! Aber haben sie damit das Recht auf das Leben verwirkt? Hast du, habe ich nur so lange Recht zu leben, solange wir produktiv sind, solange wir von anderen als produktiv anerkannt werden? Wenn man den Grundsatz aufstellt und anwendet, dass man den „unproduktiven" Mitmenschen töten darf, dann wehe allen, wenn wir alt und altersschwach werden! Wenn man die unproduktiven Menschen töten darf, dann wehe den Invaliden, die im Produktionsprozess ihre Kraft, ihre gesunden Knochen eingesetzt, geopfert und eingebüßt haben! Wenn man die unproduktiven Mitmenschen gewaltsam beseitigen darf, dann wehe unseren braven Soldaten, die als Schwerkriegsverletzte, als Krüppel, als Invaliden in die Heimat zurückkehren! Wenn einmal zugegeben hat, dass Menschen das Recht haben, „unproduktive" Mitmenschen zu töten – und wenn es jetzt zunächst auch nur arme Geisteskranke trifft –, dann ist grundsätzlich der Mord an allen unproduktiven Menschen, also an den unheilbar Kranken, den Invaliden der Arbeit und des Krieges, dann ist der Mord an uns allen, wenn wir alt und altersschwach sind, freigegeben.

Dann braucht nur irgendein Geheimerlass anzuordnen, dass das bei Geisteskranken erprobte Verfahren auf andere „Unproduktive" auszudehnen ist, dass es auch bei den unheilbar Lungenkranken, bei den Altersschwachen, bei den Altersinvaliden, bei den schwerkriegsverletzten Soldaten anzuwenden ist. Dann ist keiner von uns seines Lebens mehr sicher. Irgendeine Kommission kann ihn auf die Liste der „Unproduktiven" setzen, die nach ihrem Urteil „lebensunwert" geworden sind. Und keine Polizei wird ihn schützen und kein Gericht seine Ermordung ahnden und den Mörder der verdienten Strafe übergeben. Wer kann dann noch Vertrauen haben zu seinem Amt? Vielleicht meldet er den Kranken als „unproduktiv" und erhält die Anweisung, ihn zu töten. Es ist nicht auszudenken, welche Verwilderung der Sitten, welches allgemeine Misstrauen bis in die Familien hineingetragen wird, wenn diese furchtbare Lehre geduldet, angenommen und befolgt wird. Wehe den Menschen, wehe unserem deutschen Volke, wenn das hl. Gottesgebot: „Du sollst nicht töten", das der Herr unter Donner und Blitz auf Sinai verkündet hat, das Gott, unser Schöpfer, von Anfang an in das Gewissen der Menschen geschrieben hat, nicht nur übertreten wird, sondern wenn diese Übertretung sogar geduldet und ungestraft ausgeübt wird."

M 10

„Der Erzbischof von Freiburg Freiburg, den 1. August 1940
Sc. Exzellenz
Herrn Minister Lammers
Berlin
Reichskanzlei

Exzellenz, Hochverehrter Herr Minister!

Wir beehren uns, Ew. Exzellenz Nachfolgendes als dringende Angelegenheit vorzutragen:

Aus den Reihen des Volkes, sowohl Württembergs als Badens, sind wir davon unterrichtet worden, dass in den letzten Wochen schon eine sehr große Anzahl von Geisteskranken und Geistesschwachen in den staatlichen wie auch in den privaten Anstalten der Euthanasie verfallen sind. Namentlich die Angehörigen der Verstorbenen, denen nur die Aschenurne überlassen worden ist, unter Mitteilung einer auffälligen Todesursache, der wenig Glauben geschenkt wird, sind tief erschüttert. Viele Verstorbene waren durchaus arbeitsfähig, so dass sie keine Belastung für den Staat gebildet haben. Wir fühlen uns im Gewissen verpflichtet, Ew. Exzellenz dringend zu bitten, doch Ihren weitgehenden Einfluss geltend zu machen, damit das durch das Naturrecht und christliche Gesetz verbotene Verfahren eingestellt wird. Wir denken dabei aus patriotischen Gründen auch an die Wirkung, die das Bekanntwerden obiger Vorgänge in der ganzen kultivierten Welt hervorrufen müsste. Wir erklären uns bereit, auf caritativem Wege für alle die Unkosten aufzukommen, die dem Staat durch die Pflege der zum Tod bestimmten Geisteskranken erwachsen. Wir weisen endlich darauf hin, dass der Krieg mit den Opfern, die er an das Volk stellt, die ungeeignetste Zeit ist, um das Volksgemüt durch die Maßnahmen der Euthanasie zu belasten. Ew. Exzellenz werden verstehen, wie sehr uns diese Angelegenheit auf dem Gewissen liegt und wie herzlich und dringend darum unsere Bitte ist, es möchte unverzüglich diesen Dingen ein Ende bereitet werden.

Mit dem Ausdruck unserer ganz besonderen Verehrung und Wertschätzung

gez. Conrad, Erzbischof von Freiburg,
Dr. Kottmann, Generalvikar von Rottenburg"

LITERATUR

Zitierte Ausgabe:

Gross, Rainer: *Grafeneck.* München: Goldmann, 2010.

Erstausgabe:

Gross, Rainer: *Grafeneck.* Bielefeld: Pendragon, 2007.

Verwendete Literatur:

Schreiber, Jürgen: *Ein Maler aus Deutschland. Gerhard Richter. Das Drama einer Familie.* München und Zürich: Pendo, 2005.
→ Thematik: Euthanasie-Verbrechen und Verbrecher – sehr lesenswert!

Stöckle, Thomas: *„Euthanasie"-Verbrechen in Südwestdeutschland. Grafeneck 1940. Geschichte und Erinnerung.* Loseblatt-Sammlung der Gedenkstätte Grafeneck 2007 e. V.

Taddey, Gerhard (Hg.): *Lexikon der deutschen Geschichte. Personen, Ereignisse, Institutionen. Von der Zeitenwende bis zum Ausgang des 2. Weltkrieges.* 2., überarb. Aufl., Stuttgart: Kröner, 1983.

Unbek. Verf.: *Prozesse. Schumann. Unbekannter Mann.* In: Der Spiegel Nr. 39 vom 21.09.1970, S. 74–78.

Zenner, Cornelia / Gutknecht, Günther / Krapp, Günther: *Rainer Gross, Grafeneck.* Lehrerheft. Rot a. d. Rot: Krapp & Gutknecht, 2011.

Dies.: *Rainer Gross, Grafeneck.* Schülerheft mit Arbeitsheftcharakter. Rot a. d. Rot: Krapp & Gutknecht, 2011.

STICHWORTVERZEICHNIS